Annette Ranko

Die Muslimbruderschaft

Porträt einer mächtigen Verbindung

Bibliografische Information der Deutschen Nationalbibliothek

Die Deutsche Nationalbibliothek verzeichnet diese Publikation in der Deutschen Nationalbibliografie; detaillierte bibliografische Daten sind im Internet unter http://dnb.d-nb.de abrufbar.

© edition Körber-Stiftung, Hamburg 2014

Umschlag: Groothuis. www.groothuis.de
Coverfoto: REUTERS/Muhammad Hamed
Herstellung: Das Herstellungsbüro, Hamburg | buch-herstellungsbuero.de
Druck und Bindung: CPI – Clausen & Bosse, Leck
Printed in Germany

ISBN 978-3-89684-157-5

Alle Rechte vorbehalten

www.edition-koerber-stiftung.de

Inhalt

Rätsel um eine mächtige Verbindung   7

 1. Von den Anfängen bis zu Mubarak   17

 2. Aufstieg an die Spitze der Opposition   37

 3. Ziele und politische Vorstellungen   69

 4. Begegnungen ohne Programm   100

 5. Muslimbrüder an der Macht   116

 6. Die Frage nach dem wahren Gesicht   145

Aufstieg, Fall und wie weiter?   156

Danksagung   163

Rätsel um eine mächtige Verbindung

Nichts ist, wie es war: Der Arabische Frühling brachte in Ägypten wahrlich Steine ins Rollen. Viele Experten sehen in ihm eine historische Zäsur, allerdings mit offenem Ausgang. Nachdem im Zuge der Massenproteste des Arabischen Frühlings im Februar 2011 der ägyptische Präsident Husni Mubarak gestürzt worden war, sollte schon bald der politische Aufstieg einer bislang illegalen Gruppe beginnen: der Muslimbruderschaft. In den ersten freien Parlamentswahlen Ägyptens, Ende 2011/Anfang 2012, wurde sie zunächst die mit Abstand stärkste Kraft im Parlament, und ein knappes halbes Jahr später gewann der Kandidat der Gruppe, Muhammad Mursi, sogar die Präsidentschaftswahlen. Erstmals in der Geschichte der ägyptischen Republik kam damit ein Staatsoberhaupt nicht aus den Reihen des säkular orientierten Militärs, sondern aus der islamistischen Muslimbruderschaft, die nun – nach jahrzehntelanger Illegalität – an der Spitze der Macht angelangt war.

Für viele Menschen in Deutschland und Europa kam der Höhenflug dieser Gruppe aus dem Nichts. Aus ägyptischer Perspektive war dem natürlich nicht ganz so. Die Muslimbrüder waren zwar seit den 1950er Jahren formal verboten und seither immer wieder staatlicher Repression ausgesetzt, aber schon seit den 1980er Jahren hatte das Mubarak-Regime die Gruppe begrenzt im Parlament sowie in diversen Interessengruppen toleriert. Unter Mubarak gelang es der Organisation schließlich, zur größten organisierten Opposition des Landes zu avancieren. Bei der Parlamentswahl im Jahr 2005 erzielte die Gruppe bereits 20 Prozent der Sitze und wurde damit unangefochten die stärkste Opposition im Parlament. Noch nie zuvor hatte eine oppositionelle Kraft auch nur annähernd ein solches Ergebnis in der ägyptischen Republik erzielt.

Viele Ägypter sagten damals der Gruppe eine monopolartige Stellung innerhalb der Opposition nach. Die gesamte politische Landschaft sei zugespitzt auf das Mubarak-Regime auf der einen und die Muslimbrüder auf der anderen Seite. In gewisser Weise ist das nach dem Sturz Mubaraks und bis heute auch so geblieben: Bei den Präsidentschaftswahlen von 2012 waren es ebenfalls ein Vertreter des alten Regimes – Ahmad Shafiq, letzter Premierminister unter Mubarak und ehemaliger Luftwaffengeneral – sowie mit Muhammad Mursi ein prominenter Muslimbruder, die in der Stichwahl gegeneinander antraten. Und ganz besonders heute, nach der Absetzung Mursis durch das Militär im Juli 2013, ist die politische Landschaft schon wieder polarisiert: in ein Pro-Muslimbrüdercamp, welches seit dem Sturz Mursis erneut politisch verfolgt wird, und ein Pro-Militärcamp, hinter dem sich auch zunehmend andere Kräfte des »alten Systems« versammeln, die seither ihre Macht erneut konsolidieren konnten. Der

Konflikt dieser beiden Lager nimmt immer gewaltsamere Formen an. Politische Kräfte, die sich weder dem einen noch dem anderen Lager nahe fühlen, haben es zunehmend schwer, sich in einer solch polarisierten Atmosphäre zu positionieren.

Die Muslimbruderschaft, die im Zentrum der bewegten ägyptischen Politik der letzten Jahre stand, ist jedoch besonders für uns im Westen schwer einzuschätzen. Als islamistische Kraft wird die Gruppe oft per se mit Terrorismus in Verbindung gebracht, denn in den Medien dominieren beim Thema Islamismus Bilder von Anschlägen, vor allem des internationalen Terrornetzwerks al-Qaida. Prinzipiell bedeutet die Zuschreibung »islamistisch« zunächst jedoch nur, dass eine Gruppe den Islam als Ideologie auffasst und ihn damit als allumfassendes System versteht, welches jeden Bereich des Lebens, also auch Staat und Politik, durchziehen soll. Welche Mittel zur Verfolgung dieses Ziels angewendet werden, unterscheidet die einzelnen islamistischen Gruppen teils massiv, ebenso wie ihr Islamverständnis beziehungsweise die konkreten Auffassungen davon, wie eine muslimische Gesellschaft oder ein islamischer Staat auszusehen habe.

Derzeit dominieren im Islamismus zwei große Richtungen: die transnationale salafistische Bewegung und die Muslimbruderschaft, die insofern ebenfalls transnational ist, als sich nach der Gründung der Mutterorganisation in Ägypten 1928 auch Ableger in anderen Staaten gründeten, darunter die al-Nahda-Partei in Tunesien oder die Hamas im Gazastreifen. Beide Bewegungen unterscheiden sich in erster Linie durch ihr Islamverständnis. Während die Salafisten nur eine einzige Richtung im Islam für rechtgeleitet halten, nämlich sich selbst, und alle anderen Ausprägungen rigoros ablehnen, so zeichnet die Muslimbruderschaft ein toleranteres und inklusiveres Verständnis vom Islam aus. Sie akzeptiert die unterschiedlichen Richtungen im Islam und betont eher die Gemeinsamkeiten, als sich an den Unterschieden aufzuhalten. Den Salafisten gilt die Scharia dagegen als minutiöses Gesetzbuch, welches wörtlich und rigide angewendet werden muss und deshalb das Alltagsleben bis ins kleinste Detail ultrakonservativ regelt. Die Muslimbrüder hingegen sehen die Scharia als – in großen Teilen – aus ethischen Leitprinzipien bestehend, die je nach Ort und Zeit ganz unterschiedlich vom Menschen umzusetzen sind. Sie sind der Meinung, Gott räume dem Menschen durchaus einen Spielraum ein, viele seiner Alltagsangelegenheiten selbst zu regeln. Dennoch vertreten auch viele Muslimbrüder sehr konservative Positionen, vor allem im Bereich der Moral und der Geschlechterverhältnisse.

Darüber hinaus unterscheiden sich Salafisten und Muslimbrüder auch in den Mitteln und Wegen, ihre Ziele voranzubringen. Die Gruppen der Muslimbrüder haben in den letzten drei Jahrzehnten vor allem auf die Teilnahme am formalen politischen Prozess gesetzt und dabei Gewalt als Mittel zumindest offiziell abgelehnt. Eine Ausnahme bildet hier jedoch stets die Gewalt des Muslimbruderablegers Hamas, der diese als legitime Verteidigung gegen den illegitimen Besatzer Israel erachtet. Im Gegensatz zu den Muslimbrüdern haben die Salafisten lange die Teilnahme am formalen politischen Prozess explizit abgelehnt. Sie orientierten sich am Quietismus, das heißt, sie verstanden sich als dezidiert unpolitisch, um sich ausschließlich mit der Missionierung der Gesellschaft zu beschäftigen. Oder sie waren dschihadistisch orientiert und bekämpften den Westen oder die jeweils herrschende Regierung.

In den vergangenen Jahren lässt sich jedoch eine zunehmende gegenseitige Beeinflussung von Muslimbrüdern und Salafisten beobachten. So haben die Salafisten die formale Politik für sich entdeckt und vor allem in Ägypten nach Mubaraks Sturz sehr erfolgreich mehrere Parteien gegründet. Als die salafistische Bewegung in den letzten zehn bis 15 Jahren immer populärer wurde, nahm auch ihr Einfluss auf die Muslimbrüder zu, die begannen, rigidere Elemente in ihr Islamverständnis aufzunehmen – besonders im Hinblick auf die islamischen Moralvorstellungen und den Umgang der Geschlechter miteinander.

Bei den Kritikern der Islamisten befeuern solche Entwicklungen Ängste. Viele befürchten, dass die Unterscheidung der islamistischen Gruppen lediglich eine künstliche sei, da sie letztendlich alle das gleiche Ziel verfolgten: die Islamisierung von Staat und Gesellschaft. Sie fürchten sich vor der Gewaltbereitschaft der verschiedenen Gruppen. In der Tat gilt vor allem innerhalb der salafistischen Bewegung: Der Wechsel vom Quietismus hin zu einem gewaltbereiten Islam steht und fällt mit der Bewertung des jeweiligen Herrschers. So legitimiert oder fordert gar ein in den Augen der Salafisten vom Islam abgefallener Herrscher den Einsatz von Gewalt. Auch die Muslimbrüder, die in den drei Jahrzehnten unter

Mubarak für sich beanspruchten, Gewalt abzulehnen, hatten in den 1940er Jahren einen geheimen paramilitärischen Apparat betrieben und zu Gewalt gegen die britische Kolonialmacht und ihre ägyptischen »Kollaborateure« gegriffen. Und vor allem jüngst – seit der Absetzung Mursis und der Ermordung von über 800 seiner Unterstützer bei der Räumung zweier Pro-Mursi-Protestlager im August 2013 durch die Sicherheitskräfte – kommt es vermehrt zu islamistischer Gewalt. Es wird spekuliert, dass neben den dschihadistisch-salafistischen Gruppen auch frisch radikalisierte Teile der Muslimbruderschaft in die Gewalt involviert sind.

Die Muslimbruderschaft gibt uns noch immer einige Rätsel auf: Welche Ziele und politischen Vorstellungen verfolgt die Gruppe? Wie hält sie es tatsächlich mit der Gewalt? Wie konnte eine derart umstrittene und zudem formal illegale Gruppe so stark werden, dass sie sich zunächst zur größten Opposition unter Mubarak entwickelte? Wie gelangen ihr nach Mubaraks Sturz jene spektakulären Wahlerfolge? Woher rührte die offensichtlich große Popularität im Volk? Und weshalb kam der politische Fall der Gruppe dann so schnell? Welche Auswirkungen kann die neue staatliche Repression auf die Muslimbruderschaft und den Islamismus in Ägypten generell haben? Und schließlich: Was bedeutet das für uns, Deutschland und Europa?

Im Rahmen meiner Dissertation hatte ich bereits die Gelegenheit, einigen dieser Fragen nachzugehen. Während meiner fünfjährigen Forschungszeit am GIGA Leibniz Institut für Regionale und Globale Studien und an der Universität Hamburg setzte ich mich intensiv mit den Beziehungen zwischen dem Mubarak-Regime und den Muslimbrüdern* auseinander und verbrachte mehrere Feldforschungsaufenthalte in Ägypten.

Als ich in den Jahren 2003 und 2004 an der staatlichen Universität Kairo Politikwissenschaft studierte, waren jene Diskussionen um eine Demokratisierung des Nahen Ostens bereits in vollem Gange. Befördert wurden die Diskussionen von der amerikanischen »Greater Middle East Initiative« zur Demokratisierung des Nahen Ostens, um dadurch des internationalen islamistischen Terrors Herr zu werden. Meine ägyptischen Kommilitonen in der Student Union waren sich dagegen einig: Sie befürworteten eine Demokratisierung, jedoch ohne ausländische Einmischung. Die Meinungen, wie diese »Demokratisierung« aussehen solle, gingen dagegen sehr auseinander. Manche sprachen sich für eine kulturell-authentische Variante aus und betonten dabei die Rolle des Islam, andere wiederum waren vom Modell der sozialen Marktwirtschaft nach deutschem Vorbild begeistert und hielten dies für den Schlüssel der Demokratie. Wieder andere blieben in den Diskussionen über die Zukunft Ägyptens ganz der Logik des Kalten Kriegs und damit der Dichotomie von Kapitalismus und Sozialismus verhaftet. Eine direkte Kritik am Mubarak-Regime war zu dieser Zeit jedoch noch völlig tabuisiert, was die Ausbreitung einer De-

---

* Die Dissertation »Contesting Mubarak: The Muslim Brotherhood and its Struggle with the Regime (1981 – 2011)« erscheint im Herbst 2014 bei VS Springer, Wiesbaden.

mokratisierungsbewegung im Land zunächst behinderte. Ich selbst wurde aus dem Büro meiner Professorin unwirsch hinauskomplimentiert, als ich meine Hausarbeit zum Thema »Demokratisierungsaussichten unter Mubarak« abholte. Mit einer solch heftigen Reaktion hatte ich bei meiner doch recht optimistischen Auslegung der Politik Mubaraks nicht gerechnet. Ein ägyptischer Freund klärte mich später darüber auf, dass allein schon die Erwähnung des Namens »Mubarak« Anstoß erregte. Unter diesen Umständen war es für mich umso beeindruckender, wie sich so kurze Zeit später, nach 2005, eine prodemokratische Protestbewegung auszuweiten begann, bei der nun sogar bissige Karikaturen Mubaraks zirkulierten und der Präsident verbal direkt angegriffen wurde. Schon damals, im Zuge dieses ersten Aufbegehrens des Volkes, wurde die Muslimbruderschaft zu einer immer stärkeren Kraft im Land. Noch im selben Jahr gewann sie bei den Parlamentswahlen ganze 20 Prozent der Sitze und wurde damit mit Abstand zur größten Opposition im Parlament, und dies als eine de facto illegale Organisation! Dieser Widerspruch reizte mich so sehr, dass ich Ende 2007 mit meiner Promotion begann, um den Konkurrenzkampf zwischen Muslimbrüdern und Mubarak-Regime um die Herzen des ägyptischen Volkes zu erforschen. Unwillkürlich wurde daraus auch eine Erforschung der aufkeimenden Protestbewegung dieser letzten Mubarak-Jahre.

Im Rahmen meiner Feldforschungen traf ich einige ehemalige Kommilitonen wieder, jene Linken und Liberalen, die nun politisch aktiv geworden waren. Einige konnten mich mit Muslimbrüdern in Kontakt bringen, da sie im Rahmen ihrer politischen Tätigkeit zunehmend mit diesen kooperierten. Es waren aber vor allem deutsche und ägyptische Wissenschaftler, die bereits mit Muslimbrüdern Interviews geführt hatten und es nun auch mir ermöglichten, mit hochrangigen Muslimbrüdern ins Gespräch zu kommen. Als westliche Frau unter Islamisten zu forschen, war zunächst spannend, bald darauf jedoch erstaunlich normal. Angesichts der heute erzkonservativen ägyptischen Gesellschaft nimmt wohl jede Westlerin unwillkürlich einen weniger körperbetonten Kleidungsstil an. Egal, mit wem ich Interviews führte, nicht-islamistischen Oppositionellen, Vertretern des Mubarak-Regimes oder Muslimbrüdern, meist wurde ich kurz mehr oder weniger auffällig taxiert, ob mein Kleidungsstil nicht zu freizügig sei, bevor es zum eigentlichen Anliegen überging. Aber eine solche Musterung erlebte ich ebenso auf der Straße wie an jedem anderen öffentlichen Ort auch. Zu keiner Zeit musste ich mich mit einem Kopftuch als Muslimin tarnen, obgleich ich von vielen genau dies gefragt werde, da man wohl davon ausgeht, dies sei nötig, um Gespräche mit Muslimbrüdern zu führen. Der Fakt, dass ich als Christin die Fragen stellte, hielt die Muslimbrüder ganz offensichtlich nicht davon ab, mit mir ausführliche Gespräche zu führen. Weit eher schien sich eine anfängliche Skepsis darauf zu beziehen, ob man als »Westler« nun offen oder mit vorgefertigten Meinungen auftritt. Schließlich trugen wohl meine Kenntnis der Programmschriften der Muslimbrüder seit den frühen 1980er Jahren und mein Wille, tatsächlich zuzuhören, dazu bei, meist recht schnell in ein sachliches Gespräch zu kommen. Auch bei kritischen

Punkten, wie etwa der Rolle der Frau oder dem israelisch-palästinensischen Konflikt, hielten meine Interviewpartner nur selten mit ihrer Meinung hinterm Berg. Die Gespräche offenbarten nicht zuletzt die Heterogenität der Gruppe, die vielerorts über einen Kamm geschoren wird. Neben den Fakten und meiner Analyse zur Entstehung, zum Aufstieg und zum Fall der Muslimbruderschaft enthält dieses Buch deshalb auch persönliche Aufzeichnungen von Gesprächssituationen, die zu einem differenzierteren Bild der Gruppe beitragen mögen.

1. Von den Anfängen bis zu Mubarak

Die Muslimbruderschaft wurde 1928 in Ismailiyya, einer Hafenstadt am Suezkanal, von Hassan al-Banna gegründet. Bis zu seinem Tod 1949 prägte seine Person die Organisation maßgeblich. Kein Führer der Gruppe sollte je wieder so einflussreich sein, wie er es gewesen war. Bis heute ist al-Banna die unangefochtene Ikone der Muslimbruderschaft, deren Mitglieder nicht müde werden, ihre Treue gegenüber den Ansichten und der Mission ihres Gründervaters zu beteuern. Bei allen Neuerungen, die die Gruppe nach seinem Tod vollzog, legte sie stets viel Wert darauf, zu betonen, dass diese nicht nur kompatibel seien, sondern schon immer im eigentlichen Sinne des Gründers gelegen hätten.

Al-Banna wurde in eine Zeit geboren, die vom ägyptischen Nationalismus geprägt war. Bereits in seiner frühen Jugend nahm al-Banna an Demonstrationen gegen die britische Präsenz in Ägypten teil. Die nationalistische Bewegung war damals jedoch gespalten, in ein säkulares Lager, angeführt von der Wafd-Partei, und in ein islamisch orientiertes Camp um den islamischen Reformer Rashid Rida. Während die säkularen Nationalisten den Islam als rückständig beurteilten und ihn für die Schwäche Ägyptens und dessen Unterwerfung durch die Kolonialmächte verantwortlich machten, sah das islamisch-nationalistische Lager im Islam nicht das Problem, sondern die Lösung. Die Muslime seien vom rechten Islam abgekommen und deshalb schwach. In seiner Reinform sei der Islam nur in den ersten drei Generationen von Muslimen gelebt worden. Zu dieser Zeit hätte die muslimische Gemeinde auch ihr »Goldenes Zeitalter« erlebt, und Ruhm, Macht und Reichtum seien auf dem Höhepunkt gewesen. Seither jedoch seien Neuerungen und Verwässerungen im Islam aufgekommen, die es nun durch die Neuinterpretation von Koran und Sunna, anhand von Ratio und Vernunft, zu überwinden gelte. Erst wenn der Islam derart reformiert würde, könne Ägypten und die ganze arabische Welt wieder zu Stärke, Reichtum und Fortschritt gelangen.

Dieser »islamische Reformismus« war jedoch eigentlich eine theologische Strömung, dessen Vertreter, wie Muhammad Abduh oder Rashid Rida, eine professionelle religiöse Ausbildung genossen hatten. Somit blieb diese Strömung eine Strömung der Intellektuellen. Erst der Laie Hassan al-Banna knüpfte diese Ideen an eine soziale Bewegung an. Er machte sie erstmals massentauglich, als er den Gedanken der »islamischen Reform« mit dem Streben nach einer Reform der Lebensbedingungen der Ägypter verband. Es ging ihm darum, diese zu verbessern und drastische soziale Ungerechtigkeiten, die auch die Briten verschärft hatten, zu überwinden. Damit verbunden war das Ziel, den Islam im Alltagsleben durch Graswurzelarbeit und Bildung zu stärken – nicht zuletzt, um den Einfluss westlicher Ideen und Werte zurückzudrängen, die gemeinsam mit den Briten Einzug ins Land gehalten hatten und al-Banna zufolge die authentische Kultur Ägyptens zu zerstören drohten. Damit verstand sich die Muslimbruderschaft von Anfang an auch als eine antikoloniale Bewegung.

Sosehr al-Banna bis heute unangefochten im Zentrum der Muslimbruderschaft steht, so umstritten ist er jedoch in der breiteren ägyptischen Gesellschaft. Die einen sehen in ihm einen aufrichtig pazifistischen und toleranten Muslim. Andere hingegen halten ihn für den Ursprung eines radikalen und gewaltbereiten Islamismus. Tatsächlich vereint er beide Extreme: Auf der einen Seite setzte er sich mit den friedlichen Mitteln gesellschaftlicher Graswurzelarbeit für das Gemeinwohl und vor allem das Wohl der Unterprivilegierten ein, auf der anderen Seite aber veranlasste er wenige Jahre vor seinem Tod die Gründung einer geheimen Eliteeinheit innerhalb der Muslimbruderschaft, die – fernab vom zivilen Teil der Organisation und ohne dessen Wissen – zur gewaltsamen Bekämpfung des kolonialen Feindes ausgebildet wurde. Auch in der Fachliteratur wird al-Bannas Denken, insbesondere sein Verständnis von Islam und Gesellschaft, äußerst unterschiedlich gedeutet. Wollte er, wie es die einen beteuern, den Islam und die Gesellschaft mit Vernunft in die Moderne führen? Oder war er in erster Linie rückwärtsgewandt und strikt antiwestlich eingestellt, wie es die anderen behaupten?

Seine Figur und sein Denken erscheinen oft nur schemenhaft umrissen. Dies liegt zunächst in der Natur seiner Schriften begründet. Die ursprünglich losen Texte wurden als »Sammlung von Briefen« erst posthum zu einem Werk zusammengefasst. In den einzelnen »Briefen« aber werden Themen nicht systematisch und in sich abgeschlossen behandelt. Vielmehr finden sich verschiedene, zum Teil auch widersprüchliche Aussagen zu den jeweiligen Themen über ganz unterschiedliche »Briefe« hinweg verstreut. So mancher Widerspruch mag hier auch darauf zurückzuführen sein, dass Hassan al-Banna ganze 21 Jahre die Muslimbruderschaft führte und sich in diesem Zeitraum seine Haltung naturgemäß in einigen Punkten verändert hat. Ein weiterer Aspekt, der Widersprüchlichkeiten in al-Bannas gesammelten Schriften begünstigt, liegt in seiner Wesensart begründet: Als Mann der Tat ging es ihm nie darum, ein intellektuelles Meisterwerk zu verfassen, ein in sich geschlossenes Welt- und Islambild oder gar den perfekt ausgeklügelten Entwurf einer idealen sozialen, muslimischen Ordnung. Al-Bannas große Mission waren immer die »Taten«. Und genau dafür gründete er 1928 die Muslimbruderschaft, die zu einer der bedeutendsten islamistischen Organisationen weltweit werden sollte und heute ein weites Netz an Ablegern in über 70 Ländern besitzt.

Hassan al-Bannas Erziehung und Entwicklung

Hassan al-Banna wurde 1906 in al-Mahmudiyya, einer Kleinstadt im Nildelta, geboren und wuchs zusammen mit sechs Geschwistern in bescheidenen, dennoch gebildeten Verhältnissen auf. Sein Vater war ein einfacher Uhrmacher, der als islamischer Laiengebildeter aber hohes Ansehen bei den Notabeln der Stadt, beispielsweise dem Bürgermeister sowie bei islamischen Rechtsgelehrten, genoss. So wurde ihm sogar die Ehre zuteil, das Freitagsgebet in der städtischen Moschee zu leiten.

Schon als Kind war Hassan al-Banna vom Islam fasziniert und wurde auch durch den Einfluss seiner Familie in verschiedenen islamischen Kreisen sozialisiert. Bereits mit zwölf Jahren war er Mitglied einer Gruppierung, die die islamische Lebensweise ihrer Mitglieder verbessern wollte. So begann er schon damals, sich strikt an das tägliche fünfmalige Beten zu halten und sich darin zu üben, Untugenden zu unterlassen. Kurze Zeit später engagierte er sich in einer weiteren Gruppierung, deren Anliegen es war, nicht nur die islamische Moral der eigenen Mitglieder, sondern auch die der Gesellschaft zu korrigieren. Entsprechend maßregelnd trat die Gruppe auf: Sobald sie Übertretungen der islamischen Moral – wie etwa den Konsum von Alkohol – zu beobachten glaubte, sandte sie rügende Briefe an die Übeltäter, um diese zur Abkehr von ihren Lastern zu bewegen. Auch in späteren Jahren engagierte sich al-Banna immer wieder in verschiedensten Gruppierungen, immer mit dem Ziel, die Menschen durch Bildung und Aufklärung über die rechten Werte des Islam zum Einhalten islamischer Tugend anzuhalten.

Hassan al-Bannas Jugend fiel in die Hochzeit des ägyptischen Nationalismus, der ihn neben dem Islam stark beeinflussen sollte. Nach dem Ersten Weltkrieg wurden die Rufe nach Unabhängigkeit immer lauter, bis sie schließlich in dem von der Wafd angeführten Volksaufstand von 1919 mündeten. Im Jahr 1922 schien dieses Ziel mit der *formalen* Unabhängigkeit tatsächlich erreicht (wobei die vollständige Unabhängigkeit erst 30 Jahre später, mit dem Putsch der freien Offiziere von 1952, erreicht wurde).

Im Jahr 1923 zog der 17-jährige Hassan al-Banna in die Hauptstadt des nun formal unabhängigen Landes, um dort eine vierjährige Lehrerausbildung am Dar al-'Ulum zu absolvieren. Besonders in diesen Studienjahren in Kairo wurde al-Banna stark vom Klima der 1920er Jahre geprägt. Vor allem die großen nationalen Ambitionen und Debatten der Intelligenzija beeindruckten ihn nachhaltig. Das Ethos des Kämpferischen und des Heroischen hielt er fortan in glühenden Ehren. Der Kampf spielte sich bei ihm jedoch vor allem auf kultureller Ebene ab. Denn für ihn stand die ägyptische Nation zweifelsfrei für den Islam mit seinem strikten Moralkodex, während die Briten seiner Meinung nach nunmehr den Zerfall der Sitten durch Prostitution und Alkohol in das Land brachten. Die Kolonialmacht galt es deshalb in erster Linie auf kultureller Ebene zu bekämpfen. So erklärt sich al-Bannas erneute Mitgliedschaft in einer Organisation, die sich der Erziehung von Individuen zu tugendhaften Muslimen widmete, der »Gesellschaft für noble islamische Werte« in Kairo.

Noch vor ihrer Gründung zeichnete sich hier also bereits das zweifache Fundament der Muslimbruderschaft ab. Zum einen liegt ihr ein aktionistisches Verständnis zugrunde: Um das Individuum und die Gesellschaft zu verbessern, bedarf es nicht allein der Worte, sondern vor allem der Taten. Dabei kommt der Erziehung, insbesondere dem Anhalten der Gesellschaft zu islamisch tugendhaftem Verhalten, eine zentrale Bedeutung zu. Zum anderen ist die Frage nach einer höheren Moral in der Gesellschaft eng mit dem Streben der ägyptischen Nation nach Befreiung von britischer Dominanz verwoben.

Die Gründung und ihre Mission

Nach dem Abschluss seiner Ausbildung in Kairo im Jahr 1927 nahm al-Banna einen Lehrerposten in der Hafenstadt Ismailiyya am Suezkanal an. Kurz darauf, im Jahr 1928, gründete er die Muslimbruderschaft. Sie sollte den Ägyptern helfen, ihre Würde zurückzuerlangen, die sie durch die Ausbeutung, Erniedrigung und Fremdbestimmung durch die Kolonialherren verloren hatten. In Ismailiyya waren die sozialen Ungerechtigkeiten, die die britische Präsenz in Ägypten mit sich brachte, nur allzu präsent, denn hier befand sich der Sitz der Suezkanal-Gesellschaft, damals noch in der Hand der Kolonialmächte. Während viele Ausländer dadurch ein luxuriöses Leben führen konnten, lebten die ägyptischen Arbeiter oft in Armut.

Hassan al-Bannas Schlüssel zur Rückerlangung der Würde lag in der islamischen Erziehung und Bildung. Sie sollten die soziale Gerechtigkeit, die Moral und die Tugend in der Gesellschaft stärken. Das Kerngeschäft der Muslimbrüder bestand deshalb darin, Grundkurse in islamischer Bildung für Erwachsene anzubieten. Diese richteten sich inhaltlich durchaus an »einfache« Leute ohne nennenswerten Bildungshintergrund. Später kamen die kostengünstige Ausbildung für Jungen und Mädchen sowie die medizinische Versorgung hinzu. Die Muslimbruderschaft richtete sich zudem ausdrücklich an die »unterdrückten und ausgebeuteten« Arbeiter der Stadt. Damit war sie derzeit in erster Linie eine islamische Wohlfahrtsorganisation und als solche auch legal eingetragen.

Langfristig wollten die wohltätigen Missionare die Menschen aber vor allem zu besseren Muslimen erziehen. Denn sie sollten schließlich die Grundlage einer guten muslimischen Gesellschaft bilden, in der sich der »Islam« mit seiner absoluten sozialen Gerechtigkeit verwirklicht. Den »Islam« begriff al-Banna hierbei als allumfassendes System, das jeden Bereich des Lebens – und somit auch des Alltagslebens – durchziehen sollte.

Neben den in der Gesellschaft dringend benötigten Wohlfahrtsleistungen der Gruppe sorgte vor allem al-Bannas kommunikatives Talent dafür, dass sehr schnell neue Mitglieder gewonnen werden konnten. Zunächst expandierte die Gruppe im unmittelbaren geografischen Umfeld, in der Suezkanal-Zone. Im Jahr 1930 zählte die Gruppe bereits fünf Ableger, 1932 waren es 15. Und als al-Banna kurz darauf nach Kairo umzog, wuchs die Gruppe in völlig neue Dimensionen.

Umzug nach Kairo

Auf eigenen Wunsch wurde Hassan al-Banna 1932 als Lehrer nach Kairo versetzt, wo sein Bruder bereits einen Ableger der Muslimbruderschaft betrieb. Die Hauptstadt eröffnete al-Banna ganz neue Expansionsmöglichkeiten. Und in der Tat erfreute sich die Gruppe immer größerer Popularität. Weiterhin lockten immer mehr und attraktivere soziale Dienstleistungen, aber auch al-Bannas Charisma blieb ein zentraler Aspekt, der die Mitgliedschaften vervielfältigte. Er reiste regelmäßig durch Ägypten, um ein »persönliches Band« zwischen ihm und den Muslimbrüdern herzustellen – was ihm aufgrund seiner hohen sozialen Kompetenz auch gelang. So konnte er neue Mitglieder in allen Teilen des Landes dazugewinnen. Gleichzeitig entwickelte er eine moderne Organisationsstruktur, die es ermöglichte, die Abwicklung der Geschäfte im ganzen Land aufrechtzuerhalten und an die Zentrale in Kairo anzubinden. 1938 gab es bereits rund 300 Ableger, und bis zu al-Bannas Tod im Jahr 1949 wuchs deren Zahl auf 2000 Ableger an, während die damaligen Mitgliederzahlen, wenn auch ohne gesicherte Aussagen, auf ungefähr 500 000 Mitglieder geschätzt werden.* Die Mitgliedschaft bestand nun schon lange nicht mehr aus verarmten Arbeiterschichten, sondern war breit und heterogen aufgestellt und erfasste vor allem auch die gebildeten Mittelschichten.

---

* Richard P. Mitchell, 1993, *The Society of the Muslim Brothers,* Oxford: Oxford University Press, S. 328 (erste Ausgabe 1969).

Zu jener beachtlichen Expansion hatte ein weiterer Punkt wesentlich beigetragen: In al-Bannas »Kairener Zeit« – in den 1930ern, vor allem aber in den 1940er Jahren – fand neben der Ausweitung der sozialen Dienstleistungen und der Missionierungstätigkeit der Muslimbrüder auch eine Politisierung der Gruppe statt. Durch diese verwandelte sich die Muslimbruderschaft nun sukzessive von einer Wohlfahrtsorganisation in eine institutionalisierte soziale Bewegung.

Vor dem Hintergrund der wachsenden arabisch-zionistischen Spannungen in Palästina, des Zweiten Weltkriegs sowie der sozioökonomischen Krise im eigenen Land erlebte die ägyptische Gesellschaft in den späten 1930ern und 1940er Jahren eine regelrechte »Politisierung der Straße«. Auch die antibritische Bewegung erfuhr einen Aufschwung, denn Ägypten war zu dieser Zeit noch immer lediglich *formal* unabhängig; gerade in zentralen Punkten hatten die Briten das Sagen behalten. Ägypten war nun immer häufiger von nationalistischer, antibritischer und antizionistischer Mobilisierung der Straße geprägt, durchaus auch von Gewalt, als sich radikale nationalistische Gruppen bildeten. In dieser turbulenten Zeit organisierte ebenso die Muslimbruderschaft zunehmend Demonstrationen und Kundgebungen gegen den kolonialen Einfluss und baute in diesem Zuge erhebliches Potenzial der Massenmobilisierung auf. Dabei kam ihr der Organisationsaufbau ihrer Gruppierung, der an eine moderne Partei erinnert, zugute. Die Gruppe avancierte somit zu einer bedeutenden oppositionellen Kraft – jedoch einer, die außerhalb der formalen politischen Kanäle agierte.

Durch ihre zunehmende Politisierung geriet die Muslimbruderschaft nun immer öfter in Konflikt mit dem Staat. Und das, obwohl al-Banna zuvor darauf bedacht gewesen war, ein gutes Verhältnis zum ägyptischen Königshaus aufzubauen. Al-Banna hätte sich ursprünglich viel lieber als Berater des Königs in gesellschaftlichen und religiösen Fragen eingebracht; so hatte er schon früher versucht, den König durch Briefe zur Einhegung der Unmoral, insbesondere der Prostitution oder des Alkoholausschanks, zu bewegen. Die zunehmenden Spannungen zwischen Muslimbruderschaft und staatlicher Autorität, die sich im Zuge der Politisierung der Gruppe zuspitzten, eskalierten Ende der 1940er Jahre schließlich gewaltsam und mündeten in der Ermordung al-Bannas durch die ägyptische Geheimpolizei.

Gründung eines bewaffneten Geheimapparats

Um die Zionisten in Palästina und das britische Militär in der Suezkanal-Zone zu »bekämpfen«, gründete Hassan al-Banna in den frühen 1940er Jahren einen bewaffneten Geheimapparat. Er sollte in den als »besetzt« geltenden Gebieten kriegerische Operationen gegen den zionistischen und britischen Feind vornehmen. Solche Gewaltakte deutete al-Banna als Dschihad, um sie religiös zu legitimieren – was zur damaligen Zeit durchaus nicht unüblich war. Bis zu seiner Aufdeckung durch den ägyptischen Staat 1948 blieb der Geheimapparat auch dem Gros der Muslimbruderschaft verborgen. Nur wenigen Mitgliedern der obersten Führungsriege war die Existenz der geheimen Einheit bekannt. Dementsprechend agierte der Apparat losgelöst von den zivilen Strukturen der Muslimbruderschaft: War der zivile Teil als breite Massenbewegung angelegt, so handelte es sich bei dem Geheimapparat um eine kleine avantgardistische Kampfeinheit. Dies stand in offenem Widerspruch zur prinzipiell pazifistischen Ausrichtung der zivilen Muslimbruderschaft, die sich die soziale Gerechtigkeit und das Gemeinwohl auf die Fahnen schrieb.

Schon bald nach seiner Gründung verlor al-Banna die Kontrolle über den Geheimapparat, der begann, nicht mehr nur Gewaltakte gegen die britischen oder zionistischen Besatzer in den besetzten »Zonen« auszuüben, sondern auch innerhalb nicht besetzter Gebiete in Ägypten sowie gegen Vertreter des ägyptischen Staates, denen man Kooperation mit den Briten vorwerfen konnte. Mit dem Mord am ägyptischen Premierminister al-Nuqraishi im Dezember 1948 durch den Geheimapparat eskalierte die Gewalt. In einem Vergeltungsakt wurde al-Banna 1949 von der Geheimpolizei ermordet.

Die Zeit nach Hassan al-Banna

Die Ermordung ihres Gründervaters stürzte die Gruppe zunächst in eine tiefe Krise der Orientierungslosigkeit. Erst 1951 wurde ein neues Oberhaupt der Muslimbruderschaft ernannt: Richter Hassan al-Hudaybi wollte die Gruppe auf einen anderen Kurs bringen, auf den intellektuelleren Pfad der Bildung und Mission, weg von der »Politik der Straße« und weg von der Gewalt. Seine ersten Amtshandlungen widmeten sich dem schwierigen Unterfangen, den Geheimapparat aufzulösen, was endgültig jedoch erst im darauffolgenden Jahrzehnt gelang. Denn al-Hudaybis Mission des »neuen Kurses« wurde sehr bald von anderen Geschehnissen überschattet.

Als 1952 mit dem Putsch der Freien Offiziere die Monarchie gestürzt und erstmals die vollständige und tatsächliche Unabhängigkeit von Großbritannien erreicht wurde, waren die Beziehungen der Muslimbrüder zum Militär zunächst gut. Schon zuvor hatten Kontakte zwischen ihnen bestanden. Dann aber entbrannte unter den Freien Offizieren ein interner Machtkampf. Behaupten konnte sich hier Gamal Abdel Nasser, der seinen Konkurrenten Muhammad Naguib an den Rand drängte und im Jahr 1954 der Präsident der »neuen ägyptischen Republik« wurde. Bevor er daraufhin ein autoritäres System mit sich selbst an der unangefochtenen Spitze errichtete, räumte er seinen letzten großen politischen Konkurrenten, die Muslimbruderschaft, aus dem Weg. Zum Anlass seiner historischen Verfolgung der Gruppe nahm er ein missglücktes Attentat von Mitgliedern des Geheimapparates der Muslimbruderschaft auf ihn selbst (welches die Muslimbruderschaft ihrerseits bis heute bestreitet). Die Gruppe wurde verboten, ihre Zentrale geschlossen, und in nur einer Nacht wurden über 1000 Mitglieder der Organisation verhaftet. Die Unterdrückungswelle sollte viele Jahre andauern, die Tausende von Mitgliedern und ein großer Teil der Führungsriege hinter Gitter verbringen sollten, wenn sie sich nicht rechtzeitig ins Exil gerettet hatten. Viele der Führungsmitglieder blieben bis zu 15 Jahre in Haft. Die Zwangsarbeit, die menschenunwürdige Behandlung und die regelmäßige Folter, die die Muslimbrüder dort erleben mussten, blieben nicht ohne Konsequenzen.

Radikalisierung und Sayyid Qutbs »Wegmarken«

Unter dem Eindruck der Gewalterfahrungen in den Gefängnissen begannen sich einige Muslimbrüder zu radikalisieren. Die bekannteste und bis heute einflussreichste Figur ist hier Sayyid Qutb, dessen Gedankengut sich nun vom traditionellen Denken der Muslimbruderschaft entfernte.

In seinem bekannten Werk »Wegmarken« suggeriert Qutb, das neue Ägypten sei mitnichten islamisch zu nennen. An seiner Stelle müsse ein wahrhaft islamischer Staat geschaffen werden, der erst als solcher gelten könne, wenn Gott der Souverän sei. Dies fände darin Ausdruck, dass allein die Scharia als Gesetz gelte. Der Herrscher, der *nicht* die Scharia zur einzigen Quelle des Rechts erhebe, sei ein Ungläubiger. Damit legt Qutb nahe, dass dieser ein »Vogelfreier« und als solcher zu töten sei. Die Scharia interpretiert er rigide und unflexibel, als detaillierte Sammlung von Rechtsvorschriften, die dem Menschen keinerlei Spielraum mehr für eigene Interpretation lassen. Fast perfide durchzieht eine Schwarz-Weiß-Logik sein Denken. Für ihn ist alles auf der Welt entweder islamisch oder unislamisch und somit entweder zu befürworten oder strikt abzulehnen.

Mit seinen Ideen, die sich hauptsächlich in seinem Werk »Wegmarken« wiederfinden, öffnet Qutb seinen Anhängern Tür und Tor, die Mitmuslime als Ungläubige zu brandmarken, was wiederum Gewaltakte gegen sie ermöglicht. Nach seiner Hinrichtung 1966 sollte er posthum tatsächlich zum Geistesvater einer neuen islamistischen Strömung werden: der radikalen, gewaltbereiten Gruppen, die Gewalt auf andere Art, als es die Muslimbrüder vor ihnen getan hatten, legitimierten. Unter al-Banna war die als Dschihad religiös legitimierte Gewalt der Muslimbruderschaft, die der Geheimapparat auszuführen hatte, auf die Bekämpfung der fremden Besatzer begrenzt. Dies war zur damaligen Zeit eine keineswegs unübliche Lesart des Dschihad. Bei den von Qutb inspirierten Gruppen, die sich später bilden sollten, fand jedoch eine Entgrenzung der Gewalt statt, die durch das Ernennen von Mitmuslimen zu Ungläubigen (takfir) legitimiert wurde. Gewalt wird somit zum Alltagsrepertoire der Handlungsoptionen, die nicht nur gegenüber dem Herrscher, sondern auch gegenüber den muslimischen Mitbürgern eingesetzt werden können. Im Ägypten der 1980er und vor allem der 1990er Jahre wird dies zur bitteren Realität, als Gruppierungen wie al-Dschihad und al-Gama'a al-Islamiyya zahlreiche Attentate verüben.

Hassan al-Hudaybis Korrekturkurs

Qutbs Gedankengut wich in vielerlei Hinsicht vom traditionellen Denken und Islamverständnis der Muslimbruderschaft ab. Noch in den 1960er Jahren verfasste al-Hudaybi unter dem Titel »Prediger, nicht Richter« eine Gegenschrift zu Qutbs »Wegmarken«, in der er die traditionelle Sicht der Muslimbruderschaft noch einmal konstatierte.

Al-Hudaybi distanziert sich und die Muslimbruderschaft hier vom Gedanken des »takfir«, der Erklärung anderer Muslime zu Ungläubigen. Für ihn ist ein Muslim, wer das Glaubensbekenntnis spreche. Über das Abfallen vom Glauben entscheide allein Gott. Auch wird bei ihm deutlich, dass die Scharia im Verständnis der Muslimbruderschaft kein Gesetzestext ist, der jeden Aspekt des menschlichen Lebens regle. Im Gegenteil: Für die Muslimbruderschaft bestünden große Teile der Scharia aus übergreifenden ethischen Leitlinien, wie Gerechtigkeit und Gleichheit, die es je nach Ort und Zeit unterschiedlich umzusetzen gelte. Somit habe der Mensch durchaus Spielraum für eigene Interpretationen. Die Scharia wird seitens der Muslimbruderschaft somit nicht starr, sondern flexibel ausgelegt. Entsprechend fremd bleibt da Qutbs rigides Schwarz-Weiß-Denken in den Kategorien »islamisch korrekt« oder »islamisch unkorrekt«. Al-Banna und auch sein Nachfolger al-Hudaybi hatten dagegen ein inklusives Verständnis vom Islam und erkannten seine verschiedenen Strömungen an, auch wenn diese selbst sich oft gegenseitig die Existenzberechtigung absprachen. Diese Toleranz beruhte mit Sicherheit auch darauf, dass die Muslimbruderschaft eine Massenbewegung sein wollte, die *alle* Teile der Bevölkerung und deshalb auch die ganze Bandbreite an in ihr vertretenen islamischen Strömungen ansprach.

Mit seiner Schrift »Prediger, nicht Richter« und der darin enthaltenen Ablehnung des »takfir« setzte al-Hudaybi die Muslimbruderschaft aber vor allem eindeutig auf einen Weg der Gewaltfreiheit. Untermauert wurde dies auch durch die Tatsache, dass es al-Hudaybi mittlerweile gelungen war, den Geheimapparat aufzulösen. An dem Kurs der Gewaltfreiheit sollte die Muslimbruderschaft auch dann festhalten, als nach Nassers Tod im Jahr 1970 Anwar al-Sadat ins Amt folgte und unter ihm zahlreiche gewaltbereite, radikale Gruppen wie al-Dschihad entstehen sollten.

Die Muslimbruderschaft unter Sadat

Sadat schlug zunächst einen Versöhnungskurs mit der Muslimbruderschaft ein und entließ ihre Mitglieder sukzessive aus Nassers Gefängnissen. Damit wollte er die Gruppe als Gegengewicht zu den linken Kräften aufbauen, die seine Präsidentschaft ablehnten und die zu diesem Zeitpunkt seinem Machtanspruch am gefährlichsten werden konnten. Die Muslimbruderschaft ließ sich dafür jedoch nicht von Sadat vereinnahmen und erlebte deshalb auch nur eine teilweise Rehabilitation. Das Verbot der Organisation blieb weiterhin bestehen, und die Muslimbruderschaft konnte ihr weitläufiges Netz an Gruppierungen und Wohlfahrtseinrichtungen zunächst nicht wiederaufbauen. Darüber hinaus war die Gruppe noch stark von der Unterdrückung Nassers geprägt. Aus Angst vor erneuter Verfolgung hielt sie sich von dem politischen Geschehen fern und nahm eine explizit quietistische Haltung ein. Der dynamische und politisch aktive Islamismus fand sich zu dieser Zeit also keineswegs bei der Muslimbruderschaft, sondern an ganz anderer Stelle: an den Universitäten, in der islamistischen Studentenbewegung.

Auch an den Universitäten gewährte Sadat den islamistischen Kräften einigen Spielraum, um diese als Gegenpol zur linken Opposition auf seine Seite zu ziehen. In den 1970er Jahren bildeten sich daraufhin zahlreiche islamistische Studentenorganisationen, die nicht nur Gebetsrunden, sondern auch weitreichende kostengünstige Dienstleistungen für Studenten anboten, ein Begleitservice zum Schutz der Frauen etwa, Wohngelegenheiten, Kopierdienste oder Nachhilfestunden.

Zunehmend politisierten sich diese Gruppen, sie forderten eine größere Rolle des Islam in Staat und Gesellschaft und standen schließlich in prononcierter Opposition zu Sadat, als dieser 1979 Frieden mit Israel schloss. Gleichzeitig befand sich die islamische Studentenbewegung in Euphorie und Aufbruchstimmung, angeheizt von der iranischen Revolution und der Gründung der Islamischen Republik Iran im gleichen Jahr. Man war überzeugt, dass auch Ägypten kurz vor einer islamischen Revolution stehe. Und dann geschah es tatsächlich: 1981 wurde Sadat von der radikalen Organisation al-Dschihad ermordet. Aber anstatt der ersehnten – und von einigen Teilen der islamistischen Bewegung durchaus schon in die Wege geleiteten – Revolution schlug die eiserne Hand des Staates zu, und die Sicherheitskräfte gingen hart gegen die gewaltbereiten Islamisten vor.

Die schiere Brutalität der Ermordung Sadats sowie das Scheitern des Revolutionsversuchs schickte das islamistische Lager in eine Selbstfindungsphase. Nun galt es, Farbe zu bekennen: War man für oder gegen den Einsatz von Gewalt? Wollte man gegen die staatliche Ordnung oder innerhalb ihrer formalen Kanäle arbeiten, um seine Ziele zu erreichen? Diese Fragen waren bereits vor Sadats Ermordung bei den Islamisten diskutiert worden, letztendlich aber hypothetische Fragen geblieben, zu denen es nicht zwingend notwendig gewesen war, sich zu positionieren. Mit der Nachfolge Sadats durch Hosni Mubarak sollte sich das jedoch ändern. Mubaraks neue Politik machte deutlich, dass sich islamistische Gruppierungen nun zu entscheiden hatten: zwischen der Gewalt als Handlungsoption und der Bereitschaft, innerhalb des formalen Systems zu arbeiten. Letztere würde er akzeptieren. Jene aber, die Gewalt einsetzen und den ägyptischen Staat ablehnen wollten, würden die ganze Härte des Staates zu spüren bekommen. Daraufhin spaltete sich das islamistische Lager in zwei Teile, und die Muslimbruderschaft – in den 1970ern alles andere als am Puls der Zeit, da der dynamische Teil der islamistischen Bewegung in der Studentenbewegung gelegen hatte – erlebte nun einen Bedeutungsaufschwung. Sie sollte fortan die einzige islamistische Kraft sein, die sich für Mubaraks erste Option – die Arbeit innerhalb der formalen politischen Kanäle – entschied, und erhielt nun den Zulauf von all jenen aus der Studentenbewegung, die sich ebenfalls für die erste der beiden Optionen Mubaraks entschieden hatten. Über Nacht war die Gruppierung somit nicht nur um einen Großteil ihrer selbst gewachsen, sondern hatte erneut an erheblicher Bedeutung innerhalb der islamistischen Bewegung in Ägypten gewonnen.

2. Aufstieg an die Spitze der Opposition

Nachdem Sadat durch Islamisten ermordet worden war, stand der neue Präsident, Hosni Mubarak, nun vor der Herausforderung, die starke islamistische Opposition, die er von seinem Vorgänger geerbt hatte, einzuhegen. Mit der Strategie des »Teile und herrsche« bewegte er das islamistische Lager dazu, sich aufzuspalten, indem er die einzelnen Kräfte drängte, sich zu positionieren: entweder für die Gewalt und gegen den Staat oder für den Einsatz friedlicher Mittel und die Beteiligung innerhalb der Strukturen des politischen Systems. Entsprechend designierte er die einen als »radikale Islamisten«, zu deren Verfolgung er unmittelbar ansetzte, während er den »moderaten Islamisten« mit besonderer Toleranz begegnete, um sie als Bollwerk gegen die Radikalen zu stärken und zu fördern.

Von dieser Toleranz profitierte zunächst vor allem die Muslimbruderschaft, die sich als einzige Kraft für eine Beteiligung am formalen politischen Prozess entschieden hatte. Sie durfte ihr Hauptquartier im Stadtzentrum wieder beziehen und ihre Aktivitäten landesweit erneut aufnehmen. Somit konnte die Gruppe ihre Organisations- und Verwaltungsstrukturen in einem pränasseristischen Maße über das gesamte Land verteilt wiederaufbauen und aufs Neue ein weitläufiges Netz sozialer Einrichtungen, wie Schulen, Moscheen und Krankenhäuser, errichten. Das Verbot, das unter Nasser erlassen worden war, wurde jedoch mitnichten aufgehoben. Formal blieb die Gruppe deshalb illegal. Lediglich toleriert, war sie auf das Wohlwollen des Mubarak-Regimes angewiesen.

Nichtsdestotrotz kündigte der Oberste Führer der Gruppe, Omar al-Tilmissani, im Jahr 1982 die künftige Beteiligung der Muslimbrüder am formalen politischen Prozess an. Dies stellte einen Bruch zu der explizit unpolitischen Haltung der Muslimbruderschaft in den 1970er Jahren dar. Damals hatte sich die Gruppe ausschließlich auf soziale und missionarische Tätigkeiten beschränkt. Und entsprechend dieser traditionellen Zielsetzung wollte sie die islamischen Werte, wie sie sich in der Scharia ausdrücken, auf der Ebene des Individuums auch weiterhin umsetzen und vorantreiben, um die Gesellschaft zu einer tugendhaften und besseren muslimischen Gemeinschaft zu erziehen. Aber nun galt es, diese auch auf der Ebene des Staates und seiner Gesetzgebung voranzubringen. Sadat hatte zwar bereits 1980 in einer Verfassungsänderung (Artikel 2) die Prinzipien der Scharia zur Hauptquelle des Rechts bestimmt, aber de facto gab es nur wenig Bemühungen, die bestehenden Gesetze auf ihre Vereinbarkeit mit der Scharia zu prüfen und anzupassen. Bei dieser Aufgabe wollte die Muslimbruderschaft den Regierenden nun mit Rat und Tat zur Seite stehen.

Die Parlamentswahlen von 1984 markieren den Eintritt

der Muslimbrüder in die formale Politik – den Beginn einer fast 30-jährigen Erfolgsgeschichte. Da die illegale Muslimbruderschaft nicht als Partei registriert war, konnte sie bei den Wahlen lediglich auf dem Wege eines Wahlbündnisses mit einer legalen politischen Partei antreten. Erstaunlicherweise ging sie deshalb eine Koalition mit der oppositionellen Wafd-Partei ein, die im vornasseristischen Ägypten nicht nur ihr größter Konkurrent gewesen war, sondern darüber hinaus auch einen säkularen Nationalismus vertreten hatte. Ganz offensichtlich waren die Muslimbrüder zu großem Pragmatismus bereit, um ihren Zielen – hier dem Eintritt ins Parlament – näher zu kommen.

Das Bündnis von Wafd und Muslimbruderschaft zahlte sich aus. Es zog mit 58 Abgeordneten (von den 448 Sitzen) ins Parlament ein. Jedoch gingen lediglich acht der gewonnenen 58 Sitze an die Muslimbruderschaft. In ihrer ersten Wahlallianz blieb die Gruppe also ganz und gar der Juniorpartner, der zudem zum gemeinsamen Wahlprogramm nur wenig beigetragen hatte. So verwendete die Wafd das Programm in fast unveränderter Form, als sie im Jahr 1987 alleine zur Parlamentswahl antrat. Eine wichtige programmatische Konzession hatte die Muslimbruderschaft der Wafd jedoch 1984 abgerungen: Im gemeinsamen Programm sprach sich nun auch die Wafd dafür aus, dass die Prinzipien der Scharia – laut Verfassung Hauptquelle des Rechts – adäquat umzusetzen seien. Allerdings befürworten dies auch alle anderen ägyptischen Parteien. Die Frage nach der Scharia an sich war also alles andere als nur die »Angelegenheit« der Muslimbrüder. Worüber die Meinungen im politischen Spektrum jedoch diametral auseinandergingen, war deren konkrete Auslegung.

Die Kooperation zwischen Wafd und Muslimbrüdern ging nach den Wahlen schnell dem Ende zu. Schon während der ersten Parlamentssitzungen traten die Muslimbrüder und die Wafdisten als jeweils eigene Blöcke auf. Dies entlarvte den rein strategischen Charakter ihres Wahlbündnisses: Während die Muslimbrüder aus formalrechtlichen Gründen eine Partei als Partner benötigt hatten, um an den Wahlen überhaupt teilnehmen zu können, wollte die Wafd-Partei – um die Acht-Prozent-Hürde zu meistern – nicht nur ihre eigenen, sondern auch die Unterstützer der Muslimbruderschaft auf ihrer Seite an den Wahlurnen wissen.

Die Muslimbruderschaft wollte ihre Präsenz im Parlament jetzt vor allem zur Beeinflussung der Regierungspolitik nutzen, um die Umsetzung der Scharia auf der Ebene der Gesetzgebung voranzutreiben. Zunächst wähnte sie sich noch in der Hoffnung, das Regime würde sie hierbei ernst nehmen. Mubarak hatte jedoch ganz andere Ziele. Radikale Islamisten hatten nicht nur seinen Vorgänger Sadat ermordet, sondern der bestehenden politischen Ordnung den Kampf erklärt, um sie mit einer islamischen Alternative zu ersetzen. Eine Präsenz der Muslimbruderschaft im Parlament sollte nun vor allem dazu dienen, dem Staat den Anstrich islamistischer Akzeptanz zu verleihen. Eine aktive politische Rolle sollte die Muslimbruderschaft im Parlament jedoch keineswegs einnehmen. Im Gegenzug räumte Mubarak der Gruppe großen Freiraum im sozialen Bereich ein. Sie sollte sich auf ihre erzieherischen und wohltätigen Aktivitäten beschränken, so wollte es das Regime. Doch in der Muslimbruderschaft wuchs längst ein politischer Flügel, der darauf drängte, die politischen Aktivitäten weiter auszudehnen, und der sich zunehmend in Opposition zur Regierung sah, je mehr diese versuchte, die Tätigkeiten der Muslimbrüder auf der politischen Ebene einzuhegen.

Ausdehnung der politischen Tätigkeit

Bei den Parlamentswahlen von 1987 präsentierte sich die Muslimbruderschaft nun deutlich forscher als in den Jahren zuvor; sie war nicht länger nur ein Juniorpartner, den sie in der Wahlallianz mit der Wafd-Partei noch spielen musste. Dieses Mal ging sie selbst in Führung einer Allianz, mit der Arbeiterpartei (al-'Amal-Partei) und der Liberalen Partei (al-Ahrar-Partei). Das Wahlbündnis trat nun, ganz nach dem Gusto der Muslimbruderschaft, als die »Islamische Allianz« auf. Wobei jedoch zu betonen ist, dass es auch in der linken Arbeiterpartei bereits islamistische Tendenzen gab. Das Bündnis verfolgte eine groß angelegte Wahlkampagne unter dem ebenso gewagten wie wirkmächtigen Spruch »Der Islam ist die Lösung« (al-Islam huwa al-hal).

Die professionell ausgelegte Kampagne machte sich bezahlt. Von allen Oppositionskräften schnitt die »Islamische Allianz« bei den Wahlen am besten ab. Sie gewann 60 Sitze und somit 13 Prozent der Gesamtsitze. Mehr als die Hälfte der von der Allianz gewonnenen Sitze gingen an die Muslimbruderschaft, die mit 37 Abgeordneten ins Parlament einzog – und somit mit zwei Abgeordneten mehr als die Wafd-Partei.

Die Muslimbruderschaft begann nun in der ägyptischen Gesellschaft explizit auch als politische Kraft aufzutreten. Zum einen überzeugte sie im Parlament selbst: Ihre Abgeordneten wurden immer professionellere Politiker und zählten fortan zu den dynamischsten und aktivsten Mitgliedern im Parlament. Zum anderen erschloss die Gruppe noch einen zweiten Bereich für ihre politischen Aktivitäten: die Berufsverbände. Diese Interessenverbände weisen eine vergleichsweise lange Tradition auf. 1912 wurde der bis heute einflussreichste Verband der Anwälte gegründet. Da die Verbände keineswegs als unpolitisch zu bezeichnen waren, hatten sowohl Präsident Nasser als auch Sadat Wert darauf gelegt, sie unter staatliche Kontrolle zu bringen. Sie stellten dies auf zwei Wegen her: Sie durchsetzten sie mit Geheimdienstlern und erkauften sich die politische Loyalität der Mitglieder durch das Bereitstellen von Privilegien, Dienstleistungen und Gütern. Das gewünschte Ergebnis trat ein. Und als die Muslimbrüder in den 1980er Jahren begannen, sich in den Verbänden zu engagieren, waren diese bereits in großem Maße entpolitisiert. Die Muslimbruderschaft – die sich ab Mitte der 1980er Jahre erfolgreich an den Wahlen der Verbände beteiligte und bis Mitte der 1990er Jahre die Verwaltungsräte (die Exekutivorgane) aller einflussreichsten Verbände dominierte – begann nun, die Interessengruppen zu repolitisieren.

Zunächst deckte sie die Misswirtschaft in den Berufsverbänden auf. Zunehmend aber nutzte die Muslimbruderschaft die Verbände auch als Plattform, um mit linken und liberalen Kräften gemeinsam Diskussionsrunden, Workshops, aber auch Demonstrationen zu innen- und außenpolitischen Themen zu organisieren. Zahlreiche Aktionen und Großdemonstrationen wurden so auf die Beine gestellt, darunter 1991 die Proteste gegen Ägyptens Unterstützung für die westliche Intervention im Golfkrieg oder gegen die Nahost-Friedensverhandlungen in Madrid. Um die Mobilisierung, vor allem zur Organisation von Demonstrationen, zu erleichtern, gründete die Muslimbruderschaft 1990 ein Komitee zur Koordinierung der Aktivitäten der Berufsverbände. Auch boten die Muslimbrüder Workshops an, in denen gemeinsam mit Linken und Liberalen solch innenpolitische Themen wie die Ausweitung der politischen Freiheiten in Ägypten diskutiert wurden. Denn für diese trat man nun gemeinsam ein, da man auch gemeinsam unter deren Einschränkungen zu leiden hatte. Zum Missfallen des Mubarak-Regimes hatten die Muslimbrüder die Berufsverbände somit nicht nur wieder politisiert, sondern sie in den späten 1980ern und frühen 1990ern zur dynamischsten Bühne oppositioneller Politik im Land gemacht.

Und noch eine große Gefahr für das Mubarak-Regime schien von den Muslimbrüdern auszugehen, als diese begannen, ihre große Graswurzelanhängerschaft in politisches Gewicht zu verwandeln. Bei einem dramatischen Erdbeben im Jahr 1992 konnte die Muslimbruderschaft demonstrieren, dass ihre Hilfsorganisationen die ersten vor Ort waren, um den Betroffenen zu helfen, während staatliche Institutionen versagten. Organisiert wurde der Hilfseinsatz der Muslimbrüder maßgeblich durch ein Hilfskomitee des Ärzteverbandes. Schnell war die Gruppe nun dabei, die Situation politisch auszunutzen: Sie spannte Banner mit ihrem Wahlspruch »Der Islam ist die Lösung« quer über die Straßen, um ihre Präsenz und Hilfe deutlich zu machen – und stellte sich somit in direkte Konkurrenz zum Staat.

Mit ihrer wachsenden Popularität wurde die Muslimbruderschaft ein immer größerer Dorn im Auge Mubaraks. Dies sollte bald dazu führen, dass das Regime zu einem fünfjährigen Unterdrückungsschlag gegen die Gruppe ausholte.

Repressives Intermezzo

Mitte der 1990er Jahre leitete das Mubarak-Regime konkrete Schritte ein, um den Einfluss der Gruppe einzudämmen. Zunächst wollte man die Muslimbrüder in den Berufsverbänden zurückdrängen. Ein neues Gesetz ermöglichte es nun den Richtern und dem Innenministerium, in die Wahlen der Verbände einzugreifen und beispielsweise Kandidaten zu disqualifizieren. Ab 1995 begann das Regime, die einflussreichsten Verbände unter Zwangsverwaltung zu stellen und ihre Aktivitäten gänzlich einzufrieren. Betroffen war beispielsweise der Verband der Anwälte, in dem sechs Jahre lang bis zum Jahr 2001 keine Wahlen stattfanden. Die Muslimbrüder verloren somit ihre Präsenz in diesen Interessengruppen, und deren Politisierung nahm ein Ende – ganze fünf Jahre lagen die Aktivitäten hier brach.

Ein ähnliches Schicksal ereilte auch die Studentenunionen an den Universitäten. Die Studentenbewegung unter Mubarak war weit weniger dynamisch, als dies noch unter Sadat in den 1970er Jahren der Fall gewesen war. An den Universitäten waren die Sicherheitskräfte nun allgegenwärtig, damit einer Politisierung der Studenten wie unter Sadat vorgebeugt werden konnte. Dennoch hatte die Muslimbruderschaft in den 1980er Jahren durchaus eine gewisse Präsenz in den Studentenunionen aufbauen können. Auch hier hatten sie an einigen Universitäten Wahlen gewonnen, waren die Erfolge auch bei Weitem nicht vergleichbar mit jenen in den Berufsverbänden. Mitte der 1990er Jahre drängte das Regime die Muslimbrüder nun auch in den Studentenunionen zurück: Islamistische Kandidaten wurden in großem Umfang vorab von den Wahlen disqualifiziert, und nicht selten wurden die Wahlen gefälscht.

Mubaraks Repressionskurs gegenüber der Muslimbruderschaft fand seinen Höhepunkt jedoch in der Schließung des Hauptquartiers der Gruppe im Stadtzentrum und der Einleitung umfangreicher Verhaftungswellen. Erstmals seit 1965 wurden Muslimbrüder nun wieder vor Militärgerichte gestellt. Ganzen 81 Führungsmitgliedern wurde hier der Prozess gemacht. Man hatte vor allem die dynamischsten und populärsten Führer anvisiert; nicht wenige wurden zu mehrjährigen Haftstrafen mit schwerer Arbeit verurteilt. Mit ihnen hatte die Muslimbruderschaft einen wichtigen Teil ihrer Mitglieder zeitweise verloren. Lahmgelegt – aus Furcht vor weiteren Repressionen –, zog sie sich immer weiter aus dem öffentlichen Leben zurück. Bis ins Jahr 2000 sollte diese

Stilllegung anhalten. Erst als das Regime seinen Kurs änderte, gelang der Gruppe die Rückkehr ins öffentliche Leben und auf die politische Bühne. Und diesmal sollten die Muslimbrüder noch stärker werden, als sie es zuvor je gewesen waren, und binnen kürzester Zeit zur mit Abstand größten organisierten Opposition des Landes avancieren.

Der politische Kontext der Repression

Die Unterdrückung der Muslimbruderschaft in den 1990ern stand im Kontext einer breiter angelegten Illiberalisierung des politischen Systems. Seit den späten 1980er Jahren hatten radikale islamistische Gruppen, allen voran al-Gama'a al-Islamiyya und al-Dschihad, erneut damit begonnen, Anschläge zu verüben. Die Gewalt eskalierte nach 1992. Zum Opfer fiel ihr vor allem die christliche Minderheit, die besonders im ländlichen Oberägypten islamischen Anschlägen ausgesetzt war. Auch Staatsbeamte, wie der Parlamentspräsident, oder Intellektuelle, wie der säkular-liberale Schriftsteller Faraq Foda, wurden getötet. Der Literaturnobelpreisträger Naguib Mahfouz überlebte einen Anschlag im Jahr 1994. Auch Gewalt gegen ausländische Touristen fand statt und erreichte ihren Höhepunkt 1997 im Anschlag von Luxor, bei dem 62 Menschen ums Leben kamen. Es war allem voran dieser Gewaltexzess, der den radikalen Islamisten schließlich die Unterstützung im Volk entzog. Nur einige Zeit nach dem Anschlag in Luxor beendete ein Waffenstillstand die Gewalt.

Die Waffenruhe war nicht allein dadurch ausgelöst worden, dass die radikalen Islamisten immer mehr Unterstützung in der Bevölkerung verloren. Sie stellte auch eine Kapitulation vor der militärischen Übermacht der staatlichen Sicherheitskräfte dar. Das Mubarak-Regime hatte der Bekämpfung des Terrorismus oberste Priorität eingeräumt und in diesem Zuge zu einer eisernen Zerschlagungspolitik angesetzt sowie den Sicherheitsapparat personell wie technisch massiv ausgeweitet. Als es zum Waffenstillstand kam, saßen viele Radikale bereits hinter Gittern.

Nicht nur im Kampf gegen den islamistischen Terror zog das Regime die repressiven Daumenschrauben an. So wurden die Presse- und Meinungsfreiheit massiv eingeschränkt, politischen Akteuren der Handlungsspielraum immer weiter entzogen und zunehmend Zivilisten vor Militärgerichte gestellt. Vorboten hiervon waren bereits die Parlamentswahlen von 1990 gewesen: Im neuen Parlament war die Opposition weitestgehend marginalisiert.

Während Mubarak zunächst ein relativ tolerantes Klima in Ägypten geduldet hatte, änderte sich auch dies spätestens Mitte der 1990er Jahre. Erst im Jahr 2000, als die Bedrohung des islamistischen Terrors überwunden schien und der gesellschaftliche Druck, den autoritären Zangengriff auf Gesellschaft und Opposition zu lösen, immer größer wurde, sollte es erneut zu einer sukzessiven Lockerung von Restriktionen im öffentlichen und politischen Leben kommen. Und wieder war es die Muslimbruderschaft, die von dieser politischen Öffnung am meisten profitieren sollte.

Mubaraks letzte Dekade: Die Muslimbrüder werden größte Oppositionskraft

Als Zeichen dafür, dass Mubarak nun von seiner Illiberalisierungsstrategie abrücken wolle, gab er bekannt, die kommenden Parlamentswahlen im Jahr 2000 richterlich überwachen zu lassen. Damit folgte er einer zentralen Forderung der Justiz. Sein Wort hielt er jedoch nur in der ersten der drei Wahlrunden. Als in dieser klar wurde, dass die Regierungspartei lediglich ein Drittel der Sitze würde gewinnen können, wurde den Richtern der Zugang zu den Wahllokalen verwehrt und zu den üblichen Methoden der Wahlfälschung gegriffen. Auch die Muslimbruderschaft hatte sich wieder an den Wahlen beteiligen können. Diesmal tat sie dies aber nicht im Rahmen eines Wahlbündnisses mit einer legalen Partei, sondern trat mit »unabhängigen« Kandidaten an – wie es eine Änderung des Wahlgesetzes ermöglicht hatte. Auf diesem Wege gewann die Gruppe 17 Sitze.[*]

Schrittweise konnte sich die Muslimbruderschaft nun wieder rehabilitieren. Ihre Mitglieder, die 1995 in Militärgerichten verurteilt worden waren, wurden aus der Haft entlassen. Damit gewann die Gruppe ihren Kern an dynamischen politischen Führern zurück. Auch wurden die Zwangsverwal-

---

[*] Die Regierungspartei NDP gewann 388 Sitze. Die anderen Oppositionellen gewannen folgende Sitze: Wafd: 7, Tagamu: 6, Ahrar: 1. 16 unabhängige Kandidaten, die nicht Muslimbrüder waren, zogen ins Parlament ein.

tungen der Berufsverbände beendet, und die Muslimbruderschaft konnte auch hier erneut zu den Wahlen antreten und eine Präsenz aufbauen. Jedoch änderte die Gruppe nun ihre Strategie. Sie sah davon ab, diese Institutionen in einem Ausmaß zu politisieren, wie dies in den späten 1980ern und frühen 1990ern der Fall gewesen war. Außerdem strebte sie einen eher versöhnlichen Kurs gegenüber dem Regime auch insofern an, als sie nun Mitglieder der Regierungsparteien in ihre Wahllisten für die Berufsverbände einband.

Die Berufsverbände stellten somit nicht länger den Kern der politischen Tätigkeit der Muslimbrüder dar und bildeten auch nicht mehr die Hauptbühne oppositioneller Tätigkeit an sich. In Mubaraks letzter Dekade sollte diese woanders stattfinden. Außerhalb der formalen politischen Kanäle entstand nach der Jahrtausendwende sukzessive eine Protestbewegung, die schließlich in den Massenprotesten von 2011 kumulieren und Mubarak zu Fall bringen sollte. Angetrieben wurde die Protestbewegung einerseits von der heftigen Kritik an der amerikanischen und israelischen Außenpolitik in der Region des Nahen Ostens. Diese spitzte sich nach den Terroranschlägen des 11. September 2001 zu. Gleichzeitig ordnete sich das Mubarak-Regime der Politik Israels und der USA immer mehr unter. Andererseits wurde die Protestbewegung davon befeuert, dass Mubarak die Weichen für eine zeitnahe Machtübergabe an seinen Sohn Gamal stellte. Dieser wurde von weiten Teilen der Bevölkerung abgelehnt, da er als außerordentlich korrupt galt und der Machtzirkel um ihn herum bereits eine Wirtschaftspolitik einleitete, die die Schere zwischen Arm und Reich immer weiter auseinandertrieb.

Die Protestbewegung lehnte sich also sowohl gegen den außenpolitischen Kurs des Mubarak-Regimes als auch gegen das Heranziehen Gamals als künftigem Präsidenten auf. Als die Bewegung in den frühen 2000ern schrittweise zu wachsen begann, strebte die Muslimbruderschaft an, Teil dieser neuen Dynamik zu werden. Tatsächlich sollte es ihr gelingen, sich bald als ein unverzichtbarer Akteur zu gerieren. Damit erweiterte sie ihren Unterstützerkreis in der Bevölkerung deutlich über ihre Kernanhängerschaft hinaus.

Die wachsende Popularität der Gruppe schlug sich bereits in den Parlamentswahlen von 2005 nieder. Der Muslimbruderschaft gelang ein spektakuläres Ergebnis, das vor ihr noch keine Oppositionskraft des Landes erzielt hatte. Sie gewann 20 Prozent der Sitze und zog mit 88 Abgeordneten ins Parlament ein. Damit übertraf sie alle anderen Oppositionskräfte um ein Weites: Die Wafd-Partei erlangte lediglich sechs Sitze, die linke Tagamu-Partei nur zwei, die Ghad-Partei einen Sitz. Damit war die Muslimbruderschaft nun die größte Opposition in Ägypten.

Nahtlos hatte die Gruppe an ihre Erfolge der späten 1980er und frühen 1990er Jahre anknüpfen und diese nun noch erweitern können. Denn sie hatte sich nach der Jahrtausendwende geschickt an die neuen politischen Entwicklungen angepasst und sich als ein wichtiger Teil einer entstehenden Protestbewegung etabliert.

Die Protestbewegung von 2000 bis 2011

Die Protestbewegung wurde von zwei Faktoren – einem innen- und einem außenpolitischen – vorangetrieben. Seit den Anschlägen auf das World Trade Center am 11. September 2001 durch das internationale islamistische Terrornetzwerk al-Qaida wurde die Politik der USA und Israels in der Region des Nahen und Mittleren Osten als zunehmend aggressiv wahrgenommen. Beispiele sind hier die Invasion Afghanistans 2001 und des Irak 2003, der Libanon-Krieg 2006, der Gaza-Krieg 2008/2009 sowie die Blockade des Gazastreifens ab 2007. Auch kritisierte man in Ägypten heftig, dass das Mubarak-Regime diese westliche Politik in der Region mittrage und ägyptische sowie arabische Interessen völlig unter amerikanische und israelische Interessen unterordne. Als Spitze des Eisbergs wertete man die ägyptische Mithilfe bei der israelischen Blockade des Gazastreifens, die über die dort ansässigen Palästinenser eine humanitäre Katastrophe gebracht habe.

Neben diesen außenpolitischen Faktoren wurde die Protestbewegung jedoch auch von einer innenpolitischen Krise befeuert. Mubarak hatte damit begonnen, die Beerbung durch seinen Sohn Gamal in die Wege zu leiten. Das legte nun endgültig offen, was viele schon lange befürchtet hatten: Mubaraks Bekundungen, er würde Ägypten graduell demokratisieren beziehungsweise zu einem pluralistischeren politischen System führen – dies hatte er seit seiner Amtsübernahme immer wieder in Aussicht gestellt –, waren nichts weiter als leere Versprechungen. Darüber hinaus lehnten weite Teile der Bevölkerung Gamal Mubarak ab. Er galt als überaus korrupt, und der Machtzirkel, den er um sich aufgebaut hatte, regierte bereits – nach einer Kabinettsumbildung im Jahr 2004 – mit einer Wirtschaftspolitik, die den wenigen einflussreichen Personen ermöglichte, sich auf korruptem Wege weitere Reichtümer anzuhäufen, und die Armut der breiten Masse deutlich verschärfte, vor allem durch drastische Kürzungen der staatlichen Wohlfahrtsleistungen.

Die immer lauter werdende Kritik an Mubaraks autoritärem Regime brachte eine breite Protestbewegung in Gang. Lediglich lose aufgebaut, mobilisierte sie vor allem außerhalb der formalen politischen Kanäle, beispielsweise via Massenkundgebungen und Demonstrationen. Sie bestand aus ganz unterschiedlichen Teilen, darunter eine Arbeiterbewegung, eine Bewegung der Richter und eine Jugendbewegung, die zunehmend über soziale Medien mobilisierte (wie die Gruppe »6. April« oder »Wir sind alle Khaled Said«); nicht zu vergessen Bewegungen wie die bekannte »Kifaya« (»Es reicht«), die auch Mitglieder der legalen Oppositionsparteien umfasste und die – ebenso wie die Jugendbewegung – linke, liberale und islamistische Kräfte beziehungsweise Muslimbrüder umfasste, die hier gemeinsam kooperierten.

Zunächst fanden Demonstrationen gegen die amerikanische und israelische Politik im Nahen und Mittleren Osten statt. Erstmals seit den Brotunruhen von 1977 brachen 2003 spontane – und damit unlizensierte – Proteste auf dem Kairoer Tahrir-Platz gegen den Irakkrieg aus. Die lizenzierten Demonstrationen (unter Mubarak mussten Organisatoren von Demonstrationen vorab eine staatliche Erlaubnis einholen) erreichten eine Größe von bis zu 150 000 Menschen. Schnell aber verband die Protestbewegung die Kritik an den USA und Israel mit einer Kritik am Despotismus des Mubarak-Regimes. Denn es hieß, der Präsident wolle sich mit seiner zunehmenden Unterordnung unter amerikanische und israelische Interessen lediglich die westliche Zustimmung dafür erkaufen, seine Macht an seinen Sohn zu vererben. Jetzt kritisierten die Akteure der Protestbewegung auch den Autoritarismus Mubaraks, und das Hauptanliegen wurde, eine Vererbung der Macht durch demokratische Reformen und Wahlen zu verhindern.

Ihren großen Aufschwung erlebte die Bewegung im Vorfeld der Parlamentswahlen von 2005. Die USA drängten die ägyptische Regierung zu einer bisher noch nie da gewesenen politischen Öffnung, da sie zu diesem Zeitpunkt die Meinung vertrat, demokratische Reformen würden langfristig dafür sorgen, dem Terrorismus den Nährboden an möglichen Anhängern zu entziehen. Die politische Öffnung von 2004 und 2005 sorgte dafür, dass sich die Protestbewegung erheblich ausdehnen konnte, und setzte in ihr eine Dynamik frei, die auch dann anhielt, als die USA ihren Demokratisierungsdruck kurz darauf wieder deutlich verringerten. Im Gazastreifen hatte derweil die Hamas die Wahlen gewonnen, und die Amerikaner fürchteten sich nun vor den möglichen Konsequenzen einer tatsächlichen Demokratisierung in Ägypten.

Ab dem Jahr 2007 zog das ägyptische Regime seine autoritären Daumenschrauben erneut an. Ganz besonders nahmen nun Gewalt und Folter seitens der Sicherheitskräfte zu, und dies nicht nur gegen politische Aktivisten. Zunehmend wurden auch solche Bürger Opfer von willkürlicher Polizeigewalt, die politisch nicht aktiv gewesen waren und nur zufällig und zum Teil wegen simpler Ordnungswidrigkeiten in die Hände der Polizei gerieten. Und immer öfter waren nicht mehr nur die Unterschichten, sondern auch die Mitte der Gesellschaft davon betroffen. Schließlich war es diese ausufernde Gewalt, die der Protestbewegung in den letzten Monaten vor Mubaraks Sturz immer weiteren Zulauf und die Unterstützung im Volk einbrachte. Die Ermordung von Khaled Said im Jahr 2010 wirkte wie ein Katalysator: Er war ein junger Blogger aus der Mittelklasse, der dabei war, in einem Internetcafé ein Video online zu stellen, welches die Korruption der Polizei offenlegte, als er von zwei Polizisten brutal zusammengeschlagen und getötet wurde – unverhohlen in aller Öffentlichkeit. Der getötete Blogger wurde im ganzen Land zum Sinnbild der Brutalität von Mubaraks Polizeiapparat. Auf seinen Tod bezog sich die Facebook-Gruppe »Wir sind alle Khaled Said«, die die Proteste vom 25. Januar 2011 maßgeblich mitorganisierte und damit den Präsidenten schließlich zu Fall brachte.

Die Muslimbrüder als bedeutender Teil der Protestbewegung

Die Muslimbruderschaft bewies großes Geschick im Umgang mit anderen politischen Kräften und ein geradezu hervorragendes Gespür für den Geist der Zeit, als sie sich von Beginn der Protestbewegung in den frühen 2000ern an als ein wichtiger Teil der entstehenden Bewegung etablieren wollte. Hierzu startete sie zunächst unter dem Slogan »Partizipieren, nicht dominieren« und kooperierte in großem Maße mit linken und liberalen Kräften. Für viele nicht-islamistische Akteure in der Protestbewegung war die Gruppe ein überaus attraktiver Partner, denn keine andere Organisation hatte auch nur eine annähernd so große Graswurzelanhängerschaft, einen so hohen Organisationsgrad und eine solch professionelle Mobilisierungsfähigkeit. Ob Demonstrationen zu einem Erfolg wurden oder nicht – gemessen an der Zahl der Menschen, die sie auf die Straße bringen würden –, stand und fiel meist damit, ob die Muslimbruderschaft sich am Aufruf zur Demonstration beteiligen würde.

Aber die Muslimbruderschaft wollte nicht allein durch die schiere Größe ihrer Anhängerschaft das Rückgrat der Protestbewegung bilden. Sie versuchte vielmehr, eine gesonderte Stellung einzunehmen, indem sie einige Anliegen der Bewegung in das Parlament einbrachte – und dies konnte für eine Bewegung, die ja nur außerhalb des formalen politischen Systems agieren konnte, überaus wertvoll sein. Die Muslimbruderschaft wollte sich also unentbehrlich für die Protestbewegung machen, und das gelang ihr nicht schlecht.

Selbst der Nobelpreisträger Muhammad al-Baradei ging im Vorfeld der Parlamentswahlen von 2010 eine Kooperation mit der Gruppe ein, um genügend Unterstützer für sein »Sieben-Punkte-Manifest« zur politischen Reform zu gewinnen. Die Muslimbrüder stellten hier einmal mehr ihre Mobilisierungsfähigkeiten unter Beweis, als sie einen Großteil der spektakulären Million Unterschriften einbrachten.

Voraussetzung für die zahlreichen Kooperationen mit nicht-islamistischen Kräften war jedoch stets, dass auch die Muslimbruderschaft den Minimalkonsens der breiten Protestbewegung teilte, der da lautete: die Verhinderung der Präsidentschaft Gamals durch wahrhaft demokratische Reformen und Wahlen. Obwohl die Muslimbrüder lange der Demokratie skeptisch gegenübergestanden hatten, da sie diese als ein unislamisches Konzept betrachteten, begann die Gruppe spätestens ab dem Jahr 2004, »Demokratie« aktiv einzufordern. Genau genommen bezog sie sich dabei zwar auf das Konzept einer »Islamischen Demokratie«, aber der Minimalkonsens mit der Protestbewegung, von der Abhaltung demokratischer Wahlen bis hin zur Verhinderung der Machtvererbung an Gamal Mubarak, war hiermit immer noch erfüllt. Darüber hinaus verstand es die Gruppe, immer dann islamistische Themen in den Hintergrund zu stellen, wenn sie mit Nicht-Islamisten kooperierte. In solchen Fällen berief sie sich meist auf den Dienst an der ägyptischen Nation im Allgemeinen, den sie erweisen wolle.

Die Muslimbrüder hatten in der Tat den Geist der Zeit erkannt. Im letzten Jahrzehnt der Herrschaft Mubaraks hatten sie verstanden, dass sie einen politischen Wandel nur gemeinsam mit anderen Kräften würden erreichen können. Mit ihrer erklärten Strategie der »Partizipation, nicht Dominierung« gab sich die Gruppe kooperativ und signalisierte, dass sie sich voll und ganz in die Protestbewegung einfügte. Somit galt sie – keineswegs allen, aber durchaus vielen Ägyptern – nach dem Sturz Mubaraks als ein legitimer Teil dieser Bewegung. Nach der Absetzung des Präsidenten im Februar 2011 wurde sie schließlich vom ägyptischen Volk zuerst durch die Parlaments-, dann durch die Präsidentschaftswahlen damit betraut, Ägypten in eine neue Zukunft zu führen. In nur zehn Jahren hatte die Gruppe ihre Wählerschaft enorm vergrößert. Sie stand jetzt nicht mehr nur für ihre Kernanhänger oder für Sympathisanten der islamistischen Sache im weiteren Sinne, sondern vertrat das ägyptische Volk – eine Herausforderung, der die Gruppe jedoch letztendlich nicht gewachsen sein sollte.

Wie aber konnte es *ausgerechnet* der Muslimbruderschaft – einer seit den 1950er Jahren illegalen Gruppe – gelingen, zur stärksten Oppositionskraft im Land und zu einer tatsächlichen Konkurrenz Husni Mubaraks zu avancieren? Warum gelang dies nicht einer der legalen linken oder einer liberalen Oppositionspartei? Ironischerweise liegen einige der Gründe hierfür in der Politik des Mubarak-Regimes selbst.

Warum ausgerechnet die Muslimbrüder?

Mehrere Faktoren begünstigten den politischen Aufstieg der Muslimbrüder an die Spitze der Opposition. Einige von ihnen sind in der Politik des Mubarak-Regimes zu finden, andere in internen Entwicklungen der Muslimbruderschaft und wieder andere in der Botschaft der Gruppe, die so beschaffen war, dass sie bei weiten Bevölkerungsschichten auf Resonanz stoßen konnte.

Mubaraks Politik und die Natur der ägyptischen Republik

Die ägyptische Republik wurde infolge eines Militärcoups gegründet, der 1952 die probritische Monarchie abschaffte und die erstmals vollständige Unabhängigkeit von der Kolonialmacht Großbritannien erreichte. Unter Präsident Gamal Abdel Nasser wurde ein autoritärer Staat aufgebaut, der in seinen Grundzügen von Nassers Nachfolgern Sadat und Mubarak übernommen wurde. Dieser Staat funktionierte ganz nach dem Motto »Zuckerbrot und Peitsche«. Zentrale Säule der Macht war das repressive Rückgrat des Staates, bestehend aus Militär, Polizei und Geheimdiensten, die dazu dienten, die Gesellschaft zu kontrollieren. Neben repressiven Elementen basierte die Herrschaft jedoch auch auf korporatistischen Elementen: Hier versuchte die Regierung, sich die politische Loyalität der Bürger zu erkaufen.

Dies geschah vor allem dadurch, dass man Bürger in diverse Institutionen einband, beispielsweise in das Parlament, in die Berufsverbände oder in die aufgeblähte Bürokratie. Wer Teil dieser Institutionen war, profitierte von staatlichen Vergünstigungen, attraktiven Gehältern, Renten, Zusatzleistungen und einer Reihe anderer Privilegien. Im Gegenzug erwartete das Regime von den Bürgern jedoch eine unabdingbare Loyalität – wenn nicht sogar den gänzlichen Verzicht auf eine eigene politische Stimme. Die geforderte absolute Loyalität zum Regime wurde durch die allgegenwärtig präsenten Geheimdienste abgesichert. Das umfangreichste korporatistische Element der ägyptischen Republik war eine Art sozialer Pakt, den das Nasser-Regime vor allem mit den Unter- und Mittelschichten einging: Der Staat bot umfangreiche Wohlfahrtsleistungen und erntete dafür die politische Zustimmung des Volkes. Der Kauf der politischen Meinung der Bürger führte letztendlich dazu, dass die breite Bevölkerung und die politischen Institutionen, wie zum Beispiel das Parlament, sich entpolitisierten.

Demokratische Reformen – jedoch rein kosmetischer Natur – nahm das ägyptische Regime erst in den letzten Jahren der Herrschaft Sadats, Nassers Nachfolger, vor. Diesen Trend sollte auch Mubarak fortsetzen. So wurden aus einer Einheitspartei zunächst drei »Plattformen«, später dann drei eigene Parteien und schlussendlich ein Mehrparteiensystem mit regelmäßig stattfindenden Parlamentswahlen. Auch der Verfassung gab das Regime einen demokratischen Anstrich, der Rechtsstaatlichkeit und politischen Pluralismus betonen sollte.

Zu einem nicht unerheblichen Teil waren diese scheindemokratischen Maßnahmen an ein westliches Publikum gerichtet und gingen damit einher, dass Ägypten sich seit den späten 1970er Jahren an die USA annäherte. Als Ägypten 1979 den Friedensvertrag mit Israel abschloss, wurde aus dem Land – neben Israel – über Nacht der zweitgrößte Empfänger von amerikanischen Hilfsgeldern sowie ein bedeutender Verbündeter der USA in der Region. Die demokratischen Reformen in Ägypten blieben jedoch weitestgehend Fassade. Die Grundparameter der Herrschaftsordnung blieben intakt: Der Repressionsapparat blieb das Rückgrat des Regimes, und die scheinbar pluralisierte Politik blieb weitestgehend eine simulierte Politik. Denn auch gegenüber den nun entstandenen Oppositionsparteien wandte das Regime die Mischtaktik von Repression und dem Erkaufen von Loyalität an. Dies hatte zur Folge, dass Oppositionsparteien durch die restriktive Gesetzgebung nicht in der Lage waren, eine eigene Graswurzelanhängerschaft aufzubauen, sondern kleine, elitäre Parteien blieben. Zudem erzog das Regime die Führungszirkel dieser Parteien buchstäblich zur Loyalität und verhinderte damit deren eigenständige politische Positionierung. Dies brachte ihnen ein erhebliches Glaubwürdigkeitsdefizit in der Bevölkerung ein. Vielen galten sie eher als Teil des Systems selbst denn als wahre Opposition.

Diese strukturelle Schwächung der Oppositionsparteien war ein zentraler Faktor, der es begünstigte, dass die Muslimbruderschaft zur stärksten organisierten Opposition im Land aufsteigen konnte. Denn sie gewann Sympathie und Glaubwürdigkeit in der Gesellschaft, weil sie ihre politische

Eigenständigkeit nicht dafür preisgab, Güter und Privilegien zu erhalten. Sie füllte nun das schmerzliche Vakuum, das die Oppositionsparteien und deren simulierte Politik hinterlassen hatten, indem sie in den späten 1980ern damit begann, Institutionen wie Parlament und Berufsverbände zu repolitisieren. Was den Aufbau von über das Land verteilter Graswurzelanhängerschaft betraf, kam es der Muslimbruderschaft jetzt sogar zugute, keine legal anerkannte Partei zu sein. Dies hätte sie nur denselben restriktiven Gesetzen unterworfen, die die Oppositionsparteien lähmten. Auch konnte die Muslimbruderschaft von ihrem religiösen und wohltätigen Charakter profitieren, der sie von den politischen Parteien abhob. Denn nun konnte sie Menschen in all den untypischen Kanälen mobilisieren, die zunächst vom staatlichen Kontrollapparat unbemerkt blieben, da man sie lange für politisch irrelevant hielt: Moscheen, religiöse Lernzirkel oder soziale und karitative Einrichtungen.

Vor allem im Bereich sozialer Dienstleistungen hatte das Mubarak-Regime ein weiteres Vakuum geschaffen, das die Muslimbruderschaft nun ausfüllen konnte. Schon in den letzten Jahren der Herrschaft Sadats hatte die Regierung begonnen, die Wohlfahrtsleistungen des Staates zu begrenzen. Fahrt nahm diese Entwicklung jedoch erst unter Mubarak, Mitte der 1980er Jahre, auf. Der soziale Pakt zwischen Herrschenden und Volk, den Nasser einst errichtet hatte und der lange Zeit das Regime im Volk legitimierte, begann nun zu bröckeln. Während die Regierung dadurch immer mehr an Unterstützung verlor, war es die Muslimbruderschaft, die die ausbleibenden staatlichen Wohlfahrtsleistungen nun substituierte. Dadurch baute sie sich nicht nur eine große Anhängerschaft im Volk und über das ganze Land verteilt auf, vielmehr erwarb sie sich dadurch eine politische Legitimität qua Effizienz, das heißt durch die erfolgreiche Bereitstellung von Gütern und Dienstleistungen.

Interne Gründe: Kooperation der Generationen

Obwohl die zentralen Führungspositionen innerhalb der Muslimbruderschaft, wie das Amt des Obersten Führers und das Führungsbüro, bis heute weitestgehend in der Hand der alten Generation des Gründervaters sind, kam es unter Mubaraks 30-jähriger Herrschaft zweimal zu wertvollen Phasen der »Kooperation der Generationen«. Diese generationsübergreifende Zusammenarbeit gab den Aktivitäten der Gruppen eine neue Dynamik und verhalf der Muslimbruderschaft dazu, auf der Höhe der Zeit zu bleiben, politische Trends zu erkennen und selbst zu setzen.

**Die erste Kooperation der Generationen:
1981 bis 1995**

In den 1980er Jahren wuchs in der Muslimbruderschaft eine neue Generation an aktiven Mitgliedern heran. Diese waren ursprünglich Teil der islamistischen Studentenbewegung der 1970er Jahre gewesen, und viele von ihnen traten der Muslimbruderschaft erst nach der Ermordung Sadats bei. Sie hatten bereits zu Studienzeiten in den Studentenunionen Erfahrungen mit Wahlen und der Arbeit in Interessengruppen gesammelt. Mitglieder dieser Generation bildeten nun die Speerspitze der Muslimbruderschaft in den 1980er Jahren, als sie ihren Eintritt in das Parlament und die Berufsverbände vollzog. Auf diesen Bühnen entwickelten sie sich sehr schnell zu professionellen Politikern. Prominente Beispiele unter ihnen sind Essam al-Erian oder Abdel Moneim Abul Futuh. Sie traten nun vermehrt in Kontakt mit linken und liberalen Kräften. Und sie begannen, sich mehr und mehr mit Themen zu beschäftigen, die ein breiteres Publikum ansprachen. Während die Gruppe in den 1970ern und zu Beginn der Mubarak-Zeit sehr auf die Stärkung der Prinzipien der Scharia ausgerichtet war, kamen nun auch Themen wie die Ausweitung politischer Rechte oder das Recht auf Meinungsäußerung, Demonstrations- und Versammlungsfreiheit dazu, die Anliegen aller Oppositionskräfte waren. Somit gab sich die Gruppe moderner und kooperationsfähiger als je zuvor.

Möglich wurde diese Entwicklung durch eine bemerkenswerte Arbeitsteilung mit der alten Generation, mit jenen also, die schon zu al-Bannas Zeiten in der Muslimbruderschaft aktiv gewesen waren und die Unterdrückung unter Nasser am eigenen Leib miterlebt hatten. Die Generation des Gründervaters hatte zwar in den 1970ern eine explizit apolitische Haltung eingenommen und sich – vor allem aus Furcht vor staatlicher Repression – auf soziale Tätigkeiten konzentriert. Nun befürwortete und förderte sie aber explizit das Vorstoßen der jungen Generation in das Parlament und die Berufsverbände. Während die Jungen neue Bereiche für die Muslimbruderschaft erschlossen, waren es die Alten, die die sozialen Tätigkeiten und den Aufbau eines weitläufigen Netzes an sozialen Einrichtungen vorantrieben. Schließlich war es auch dieses Netz, das der Gruppe einen breiten Rückhalt in der Bevölkerung sicherte.

Spannungen

Es sollte jedoch auch zu Spannungen zwischen den Generationen kommen. Al-Banna hatte den bewaffneten Geheimapparat gegründet, der unter seinem Nachfolger al-Hudaybi aufgelöst worden war. Einige der Mitglieder des ehemaligen Geheimapparates hatten sich in den Gefängnissen Nassers mit einer alten Riege an Muslimbrüdern zusammengetan, die stark vom Denken Sayyid Qutbs beeinflusst waren. Ursprünglich selbst Muslimbruder, war Qutb aber aufgrund der Radikalisierung seines Denkens schließlich von der Gruppe ausgeschlossen worden. Diese neue Allianz an Geheimapparat-Mitgliedern und Qutbisten zeichnete sich nun vor allem dadurch aus, dass sie – auch noch Jahre nach dem Ende der Verfolgung der Gruppe durch Nasser – ein besonderes Verständnis der Muslimbruderschaft hegte: Für sie war die Gruppe immer eine »geheime Organisation« des Untergrunds geblieben. Ihre Prioritäten lagen deshalb darin, die

Muslimbruderschaft nach außen hin abzuschirmen sowie eine strikte Hierarchie und absoluten internen Gehorsam zu sichern. Auf diese Weise glaubten sie, das Überleben der Gruppe auch bei weiteren Repressionswellen gewährleisten zu können.

Führende Mitglieder dieser Strömung lebten zu Beginn der Mubarak-Zeit, als die Muslimbruderschaft ihren Vorstoß in die Politik wagte, im Exil. Sie waren vor den Verhaftungswellen Sadats geflohen, die dieser kurz vor seiner Ermordung angeordnet hatte. 1986 kehrten viele von ihnen jedoch nach Ägypten zurück und nahmen schnell einflussreiche Positionen innerhalb der Muslimbruderschaft ein. Während die Generation der 1970er die Muslimbruderschaft im Parlament und den Berufsverbänden nun vor allem nach außen hin und in die Gesellschaft hinein vertrat, so bestimmte die Riege der Geheimapparatler und Qutbisten schon bald über die zentralen Interna der Gruppe: Schulungsmaterial, Aufnahmekriterien und Beförderungen lagen nun in ihrer Hand. So dauerte es nicht lange, bis sie die zentralen Führungspositionen innerhalb der Gruppe bekleideten, wie beispielsweise Mustafa Mashhur, ein prominentes Mitglied des ehemaligen Geheimapparats, 1996 Oberster Führer der Muslimbruderschaft.

Welch ein Kontrast zwischen den Generationen: Der Kontakt mit der Gesellschaft und mit Andersdenkenden sowie die Bereitschaft der Jungen, offene Diskussionen zu führen, vertrugen sich kaum mit der Haltung der Geheimapparatler und Qutbisten samt ihrem Glauben an eine strikte Hierarchie, absoluten Gehorsam und die Notwendigkeit, die Organisation von der Außenwelt in gewissem Maße abzuschirmen. Spannungen waren hier vorprogrammiert und traten schließlich 1995 und 1996 offen zutage, als sich ein Teil der 1970er-Generation unter Führung von Abu El-Ela Madi von der Muslimbruderschaft abspaltete, um die al-Wasat-Partei (Partei der Mitte) zu gründen. Eine Zulassung als Partei blieb ihnen unter Mubarak jedoch verwehrt. Der Grund für die Abspaltung lag schließlich in den massiven Konflikten über die Vorgehensweise bei einer möglichen Parteigründung der Muslimbruderschaft. Mitgliedern der al-Wasat-Partei zufolge seien die hier autoritär agierenden Geheimapparatler und Qutbisten zu keinerlei Kompromissen fähig gewesen.

Die zweite Kooperation der Generationen: 2004 bis 2010

Zentral für den Erfolg der Muslimbruderschaft im letzten Jahrzehnt Mubaraks war, dass es zu einer neuen Kooperation der Generationen kam. 2004 trat Muhammad Mahdi Akef das Amt als Oberster Führer der Gruppe an. Wie seine Vorgänger gehörte er der »alten Generation« an, erkannte jedoch früh die wachsende Bedeutung des Internets für die politische Mobilisierung. Kurz nachdem er sein Amt angetreten hatte, übertrug er den jüngsten Muslimbrüdern in ihren 20ern bereits die Verantwortung für den Webauftritt der Gruppe und räumte ihnen hier einige Autonomie ein. Damit begann eine junge Internet-Generation schnell an Bedeutung zu gewinnen – sowohl innerhalb der Muslimbruderschaft als auch nach außen –, und dies jenseits der strikt hierarchischen Strukturen der Gruppe. Zahllose Blogs von Muslimbrüdern sprossen nun aus dem Boden, die die Dynamik der Proteste vervielfachen sollten.

In der Jugendbewegung kooperierten Aktivisten über politische Grenzen hinweg: Linke, Liberale und Islamisten koordinierten sich zum Beispiel in der Facebook-Gruppe »Wir sind alle Khaled Said« – Drahtzieher der Proteste des 25. Januar 2011.

Aber auch bei dieser zweiten Kooperation der Generationen waren Spannungen mit der mächtigen Riege der Qutbisten und Geheimapparatler vorprogrammiert. Ende 2009, Anfang 2010 wurde ein neuer Oberster Führer und ein neues Führungsbüro gewählt. Dabei gewannen Mitglieder dieser Riege deutlich an Macht. Die neue Führung unter Muhammad al-Badie forderte nun erneut strikte Hierarchien und Gehorsam und schränkte den Freiraum und Handlungsspielraum der Internet-Generation massiv ein.

Resonanz der Botschaft

Nicht zuletzt trug auch der religiöse Bezug ihrer Botschaft zum wachsenden Erfolg der Muslimbruderschaft bei. Die Organisation wollte die Werte und Prinzipien der Scharia stärken, auf dass eine wahrhaft gerechte und tugendhafte Gesellschaft entstehe. In einer Gesellschaft, die zu 90 Prozent aus Muslimen besteht, die sich selbst als sehr religiös bezeichnen, hatte dieses Versprechen großes Potenzial, auf offene Ohren zu stoßen. Durch ihren religiösen Charakter konnte die Gruppe für ihre Anhängerwerbung auch auf Institutionen zurückgreifen, die traditionell über ein hohes Ansehen und ein großes Maß an Legitimität in der ägyptischen Gesellschaft verfügten: allen voran die Moscheen oder religiöse Studienzirkel.

Darüber hinaus hatte das Regime selbst, spätestens seit den 1990er Jahren, zu einer Islamisierung der Gesellschaft beigetragen. Mubarak räumte beispielsweise der al-Azhar, der höchsten Institution im sunnitischen Islam, immer größere Zensurrechte im Bereich Kunst und Kultur ein. Zahlreiche Filme, Bücher, Theaterstücke wurden aufgrund eines Verstoßes gegen die islamische Moral zensiert. Gerichte begannen nun sogar, Intellektuelle und Wissenschaftler dafür zu verurteilen, dass ihre Erkenntnisse vom Islam abwichen. Ein prominentes Beispiel liefert hier die Zwangsscheidung des Intellektuellen Abu Zayds von seiner Frau. Ein Gericht hatte diese vorgenommen, nachdem es Abu Zayd als Ungläubigen klassifiziert hatte. Auch förderte das Mubarak-Regime vor allem in den 2000ern salafistische Gruppierungen, die zwar unpolitisch, dafür aber ultrakonservativ waren. Mubarak bezweckte mit solchen Maßnahmen stets, seinen islamistischen Herausforderern den Schneid abzukaufen, um selber als »tugendhafter« Herrscher dazustehen. Das Ergebnis war jedoch eine Islamisierung der Gesellschaft, die schlussendlich den Muslimbrüdern in die Hände spielte.

3. Ziele und politische Vorstellungen

Hassan al-Banna gründete die Muslimbruderschaft mit einer Mission: Er wollte die ägyptische Gesellschaft, die an der Unterdrückung durch die Kolonialmächte und an zahllosen daraus folgenden sozialen Ungerechtigkeiten litt, zur Genesung führen. Seiner Meinung nach lag der Schlüssel zur Lösung im Islam. Aus diesem Grund wollte er die Rolle des Islam im Alltag stärken. Denn das Kernproblem für die Misere der schwachen ägyptischen Gesellschaft lag für ihn darin, dass all die westlichen Ideen und Werte, die zusammen mit den Kolonialherren Einzug in die muslimische Welt gehalten hatten, die islamischen Werte und die Moral zunehmend aus dem Alltagsleben verdrängten. Dem Bedeutungsverlust des Islam wollte er eine Reform der Gesellschaft »von unten« entgegensetzen. Einzelne Individuen sollten durch Basisarbeit (durch Mission, Erziehung und Bildung) zu besseren Muslimen umerzogen werden. In der Zukunft würde dann aus vielen reformierten Individuen eine gläubige und gute islamische Gesellschaft erwachsen.

Zunächst spielte »der Staat« bei al-Banna also keine besondere Rolle. Dies änderte sich jedoch gegen Ende seines

Lebens, als sich die Idee eines starken Staates, der die gesellschaftliche Reform »von oben« vorantreiben könne, in seinem Denken verankerte. Nach seiner Ermordung im Jahr 1949 setzte sich dieser Trend im Gedankengut der Muslimbruderschaft fort. Eine nicht unerhebliche Rolle spielten dabei die Schriften von Sayyid Qutb.

Die wachsende Bedeutung des Staates und seiner islamischen Natur

Qutb galt als bedeutender Denker innerhalb der Muslimbruderschaft. Im Zuge seiner Inhaftierung unter Präsident Nasser in den 1950er und 1960er Jahren, in der er wiederholt der Folter ausgesetzt war, radikalisierte sich jedoch sein Gedankengut. Er begann von den Grundlinien des traditionellen Denkens der Muslimbruderschaft abzuweichen. Daraufhin distanzierte sich die Führung der Gruppe von vielen seiner Ideen, allen voran der Idee des »Takfir«, des Erklärens anderer Muslime zu Ungläubigen, welches dem gewaltsamen Vorgehen gegen Mitmuslime Vorschub leistete. Andere Aspekte in Qutbs Gedankengut sollten die Muslimbruderschaft in den folgenden Jahrzehnten jedoch stark beeinflussen.

Für Qutb bildete der ägyptische Staat und dessen nicht-islamische Natur den zentralen Stein des Anstoßes. Seiner Meinung nach hatte der ideale Staat ein dezidiert islamischer zu sein. Die konkrete Konzeption einer solchen politischen Ordnung ließ er weithin unausgeführt, als zentrales Element nannte er jedoch die Souveränität Gottes (hakimiyya). Sie sollte sich darin manifestieren, dass Gottes Gesetz – wie es Ausdruck in der Scharia fände – zu herrschen habe. Dem Menschen untersagte Qutb jegliche eigene Gesetzgebung, da dies gegen die Souveränität Gottes verstoße. Alle Staaten, in denen das Volk und nicht Gott souverän sei und die eigene Gesetze erlassen – allen voran die westlichen Demokratien –, lehnte er als »ungläubige« Systeme strikt ab.

Obwohl das Scharia-Verständnis der Muslimbrüder traditionell von Qutbs abweicht – die Gruppe ist der Meinung, die Scharia lasse dem Menschen durchaus genügend Spielraum, um Alltagsangelegenheiten selbst zu regeln und somit auch eigene Gesetze zu erlassen –, so hat doch Qutbs Überzeugung, dass dem Staat und seiner islamischen Natur eine besondere Bedeutung zukomme, die Muslimbruderschaft nachhaltig geprägt.

Das lässt sich vor allem dadurch erklären, dass nach dem Putsch der Freien Offiziere im Jahr 1952 und mit der Errichtung einer autoritären Republik unter Nasser der Staat als solcher tief in die Realität der Muslimbrüder einzudringen begann. Anders als noch unter der Monarchie, durchzog der Polizeistaat die Gesellschaft nun tief mit seinen Institutionen der Kontrolle und Repression. Vor allem die Muslimbruderschaft litt darunter. Denn als stärkster politischer Konkurrent Nassers waren die Mitglieder der Gruppe zwei Jahrzehnte lang politischer Verfolgung und massiver Repression ausgesetzt. Unmittelbares »Feindbild« für die Muslimbruderschaft waren damit nun nicht mehr – wie noch zu al-Bannas Zeiten – die Kolonialmächte, die in Ägypten eingedrungen waren, sondern der »Feind im Innern«: die autoritäre ägyptische Republik.

Ebenso wie Sayyid Qutb erlebten zahlreiche Muslimbrüder in den zwei Dekaden der Herrschaft Nassers Folter in den Gefängnissen. Den Grund für die Unmenschlichkeit, die ihnen widerfuhr, fanden sie – ebenso wie Qutb – zunehmend darin, dass Nassers Republik keine islamische politische Ordnung sei. Die Wunschvorstellung eines islamischen Staates begann somit in der Gruppe immer mehr Fuß zu fassen und ging mit einer tiefen Skepsis gegenüber – wenn nicht sogar Ablehnung von – westlichen politischen Konzepten und Systemen wie der Demokratie einher. Diese Haltung prägte die Muslimbrüder tief, bis in die 1980er Jahre hinein.

Annäherung an demokratische Konzepte

Erst in den 1990er Jahren änderte sich die Haltung der Gruppe. Mit der »dritten Welle der Demokratisierung«, die neben Südeuropa und Lateinamerika auch einige Länder Afrikas erfasste, nahm auch in den Gesellschaften der arabischen Welt der Diskurs über die Demokratie zu. Zwar hatten sogar die autoritären Regierungen in der Region des Nahen Ostens, inklusive der ägyptischen, seit den späten 1970er und den 1980er Jahren damit begonnen, graduelle demokratische Reformen umzusetzen. Aber diese Reformen waren in erster Linie kosmetischer Natur und dienten unter anderem der

Sicherung der – auch finanziellen – Unterstützung aus dem Westen.

Dennoch, der Demokratiediskurs nahm in den arabischen Gesellschaften und damit auch in Ägypten zu, und die arabischen Regime mussten sich zunehmend an demokratischen Maßstäben messen lassen. Viele oppositionelle Akteure begannen politische Reformen zu fordern. Dies hielt auch Einzug bei der Muslimbruderschaft, die sich nun mit einigen demokratischen Prinzipien, wie Parteienpluralismus oder Verfassungsstaatlichkeit, auseinanderzusetzen begann und diese zunehmend nicht mehr als »unislamisch«, sondern als mit dem Islam vereinbar darstellte. Dieser Trend war seit den 1990er Jahren nicht nur bei der ägyptischen Muslimbruderschaft, sondern auch bei anderen islamistischen Bewegungen in der gesamten Region des Nahen und Mittleren Osten zu beobachten.

Seither wurde in vielen Diskussionen infrage gestellt, ob dies reine Taktik seitens der islamistischen Akteure sei, ob sie nicht doch »Wölfe in Schafspelzen« seien, die sich zunächst harmlos gäben, um durch etwaige demokratische Reformen an die Macht zu gelangen, nur um ebendiese Reformen dann wieder abzuschaffen. Im Fall der Muslimbruderschaft lässt die Lektüre der zentralen Programmschriften der Gruppierung seit ihrem Eintritt in den formalen politischen Prozess in den frühen 1980er Jahren folgende Schlüsse ziehen: Der dezidert islamische Charakter der anvisierten politischen Ordnung – der im Widerspruch zu einigen liberal-demokratischen Prinzipien steht – ist klar und deutlich in den Programmschriften offengelegt. Vom Wolf im Schafspelz kann also nicht die Rede sein, denn die Organisation macht aus ihren islamistischen Zielsetzungen keinen Hehl.

Stattdessen hat die Gruppe ein Staatskonzept entwickelt, in welchem sie proklamiert, dass »wahrhafte« Demokratie im Sinne der Volkssouveränität nur durch den islamischen Charakter der politischen Ordnung gewährleistet werden könne. Dies soll in ihrem Staatskonzept des demokratischen »zivilen Staates mit islamischem Referenzrahmen« möglich werden. Dieser Staat soll explizit nicht eine liberale Demokratie nach westlichem Vorbild simulieren, vielmehr biete er dem Volk eine authentische und mit der ägyptischen Kultur vereinbare Variante von Demokratie. Die Verbindung des Rufs nach Volkssouveränität mit einem islamischen Referenzrahmen ermöglichte es der Gruppierung einerseits, sich in die prodemokratische Protestbewegung einzubringen, die in der letzten Dekade von Mubaraks Herrschaft entstanden war und die ebenfalls mehr Macht für das Volk erreichen wollte. In dieser Bewegung konnte die Gruppe nun Sympathien sammeln und eine Basis für die Kooperation mit anderen politischen Kräften schaffen. Andererseits wollte die Muslimbruderschaft dem wachsenden Demokratie-Diskurs eine eigene, explizit islamistische Note verleihen, um damit langfristig ihre intellektuelle Führerschaft innerhalb der prodemokratischen Bewegung in Ägypten zu etablieren.

Der anvisierte Staat: der »zivile Staat mit islamischem Referenzrahmen«

Spätestens seit dem Jahr 2005 hat die Muslimbruderschaft das Konzept des »zivilen Staates mit islamischem Referenzrahmen« als ideales und von ihr angestrebtes Staatskonzept propagiert und auch nach dem Sturz Mubaraks im Jahr 2011 in ihren Programmen daran festgehalten.

Diese umständliche Wortschöpfung kann als direkte Antwort der Muslimbruderschaft auf die gesellschaftlichen Debatten in Ägypten unter Mubarak verstanden werden. Sowohl dem Mubarak-Regime, den staatlichen Medien als auch den liberalen Oppositionellen wie Intellektuellen trieb die Idee eines islamischen Staates Schreckensszenarien vor Augen. Sie fürchteten, die Muslimbruderschaft wolle einen religiösen Staat, ähnlich wie das Taliban-Regime in Afghanistan, errichten. Die Mubarak-Regierung befeuerte solche Befürchtungen in der staatlichen Presse auch explizit, um der Muslimbruderschaft auf diesem Wege die wachsende Unterstützung in der Bevölkerung zu entziehen. Als Gegenmodell zum »religiösen Staat« propagierten liberale Oppositionelle sowie Vertreter des Mubarak-Regimes den »zivilen Staat«. Dabei verzichteten sie ganz bewusst auf den Begriff »säkular«, denn dieser ist in der ägyptischen Gesellschaft negativ und gleichbedeutend mit unislamisch oder unreligiös (la dini) konnotiert.

Daraufhin versuchte auch die Muslimbruderschaft ganz aktiv den Begriff »ziviler Staat« in ihr eigenes Repertoire zu integrieren – nicht zuletzt, um sich mit dem Adjektiv

»zivil« von theokratischer Herrschaft abzugrenzen. In ihrer Staatsvorstellung werden dem Herrscher keine göttlichen Eigenschaften zugesprochen, und er gelte auch nicht als unfehlbar, so die Argumentation. Im Gegenteil: Der Herrscher soll vom Volk eingesetzt werden und kann, wenn er gegen die Scharia verstößt, auch wieder vom Volk abgesetzt werden. Er kann Laie sein und muss keineswegs Rechts- oder Religionsgelehrter sein. Behauptungen der Art, die Muslimbruderschaft strebe einen zivilen Staat an, reichen zwar weit zurück, allerdings nahm die Muslimbruderschaft erst im Jahr 2005 die Formulierung des »zivilen Staats mit islamischem Referenzrahmen« in ihrem neuen Claim auf.

In diesem Staat soll der islamische Referenzrahmen die zentrale Komponente der politischen Ordnung bilden. Das bedeutet: Die Prinzipien der Scharia sollen Hauptquelle des Rechts sein, sie sollen außerdem die Grundlage der staatlichen Weltanschauung darstellen sowie das Fundament all seiner Handlungen. Dahinter verbirgt sich also der Anspruch, den Islam als ein allumfassendes System zu begreifen, welches auch das politische System einschließt.

Das Scharia-Verständnis der Muslimbrüder

In ihren Programmschriften legt die Muslimbruderschaft auch ihr Verständnis der Prinzipien der Scharia dar.* Sie teilt sie in drei Gruppen auf: Die erste bezieht sich auf die Riten und Glaubensausübung, also beispielsweise auf Gebete, das Fasten oder die Pilgerreise ('ibadat). Hier sieht die Muslimbruderschaft keinen Spielraum für menschliche Interpretationen, da die Scharia hier unabhängig von Ort und Zeit wörtlich zu befolgen sei. Ähnlich verhalte es sich mit Scharia-Vorschriften, die den Bereich der Moral, vor allem der öffentlichen Moral, regeln, argumentiert die Gruppe. Auch hier sei die Scharia weitestgehend unflexibel, und die in Koran und Sunna genannten Vorschriften müssten – unabhängig von Ort und Zeit – wörtlich umgesetzt werden. Dies liege daran, dass der Aufrechterhaltung einer konservativ-islamischen Moral ein großer Stellenwert zukomme, denn sie sei der unantastbare Kern der islamischen Identität und Kultur der ägyptischen Gesellschaft.

Anders verhält es sich jedoch mit der dritten Gruppe der Scharia-Prinzipien. Diese umfasst jene Prinzipien, die sich auf Interaktionen zwischen den Individuen im sozialen, politischen und ökonomischen Bereich beziehen (mu'amalat). Ausgenommen sind hier jedoch jene Interaktionen, die einen Bezug zur islamischen Moral aufweisen. In diesem

---

* Die Muslimbruderschaft (2007): Barnamaj Hizb al-Ikhwan al-Muslimin – al-Isdar al-Awwal [Parteiprogramm].

dritten Bereich, der mu'amalat, versteht die Muslimbruderschaft die Scharia als flexibel, das heißt, sie weist keine (oder nur kaum) minutiös zu befolgende wörtliche Vorschriften auf. Stattdessen habe Gott dem Menschen hier einen großen Spielraum gelassen, Interpretation zu betreiben und damit einen großen Teil seiner eigenen Angelegenheiten selbst zu regeln. Dies betrifft vor allem den Aufbau und das Arrangement staatlicher Institutionen und Mechanismen zur politischen Entscheidungsfindung. Natürlich dürfe der Mensch – so argumentiert die Muslimbruderschaft – auch hier nicht dem Ethos des Islam widersprechen, und so nenne hier die Scharia – anstatt kleinteiliger rechtlicher Vorschriften – vor allem folgende übergreifende ethische Prinzipien: Gerechtigkeit, Freiheit, Schura (oder Beratung) und Gleichheit.

Diese vier Scharia-Prinzipien in der Gesellschaft umzusetzen, ist eine zentrale Aufgabe des Muslimbruder-Staates. Da die Gruppe hierzu jedoch ein beträchtliches Maß an menschlicher Interpretation erlaubt, können nun einige demokratische Konzepte in die Staatsvorstellungen integriert werden, obwohl diese ihren Ursprung außerhalb des Islam beziehungsweise der islamischen Quellen, Koran und Sunna, haben. Dies kommt in der ersten der beiden Komponenten des »zivilen Staates mit islamischem Referenzrahmen« zum Ausdruck.

Die demokratische und zivile Komponente des Staates

Die Muslimbruderschaft integriert einige demokratische Konzepte nun vor allem über den Weg der genannten vier übergeordneten Scharia-Prinzipien in ihr politisches Denken. Diese Prinzipien werden an die verschiedenen demokratischen Konzepte angeglichen. Wichtig ist jedoch zu betonen, dass die Scharia-Prinzipien hierbei immer als den westlichen demokratischen Konzepten überlegen dargestellt werden. Letztere werden lediglich als bloße Techniken verstanden, die dazu dienen sollen, die universal und ewig gültigen Scharia-Prinzipien im Hier und Jetzt umzusetzen. Wie unten besprochen wird, bringt dies jedoch eine Unterhöhlung mancher – jedoch nicht aller – akzeptierten demokratischen Prinzipien mit sich.

Schura

Vor allem das zentrale Prinzip der Schura liegt der Annäherung an demokratische Konzepte zugrunde. Schura ruft zu gegenseitiger Beratung der Menschen bei der Entscheidungsfindung auf. Der Muslimbruderschaft zufolge habe dieses Prinzip schon lange vor westlichen Denkern die Idee der Demokratie begründet.

Das Schura-Prinzip wird zunächst als Beratungs- und Rechenschaftspflicht des Regierenden mit beziehungsweise vor einer gewählten Volksvertretung verstanden. Die »Beratung« des Regierenden soll durch Mehrheitsbeschlüsse in der Volksvertretung erfolgen, wobei die Beschlüsse für den Regierenden bindend sind. Die Rechenschaftspflicht des Regierenden geht so weit, dass er – im äußersten Fall – von der Volksvertretung abgesetzt werden kann. Bei der Muslimbruderschaft findet also eine Ermächtigung des Volkes gegenüber dem Herrscher statt und wird zum Ausgangspunkt dafür, dass die Gruppe das Volk zur Quelle aller Autorität im Staat erhebt.

Damit bietet die Schura den Auftakt für die Integration einiger demokratischer Elemente in das politische Denken der Gruppe. So akzeptiert die Muslimbruderschaft beispielsweise die Machtrotation durch freie, faire und regelmäßige Wahlen, Parteienpluralismus, Gewaltenteilung und das Prinzip der Rechtsstaatlichkeit. Prinzipiell spricht sich die Muslimbruderschaft für ein parlamentarisches System aus, nicht für ein Präsidentielles. Nach dem Sturz Mubaraks wollte man jedoch – so behauptete es die Muslimbruderschaft jedenfalls – zunächst ein Mischsystem anstreben, um der politischen Situation und zum Beispiel der schlecht ausgeprägten Parteienlandschaft Rechnung zu tragen.

Verfassung und Gesetz im von der Muslimbruderschaft angestrebten »Rechtsstaat« haben sich an der Scharia zu orientieren. Für die Legislative bedeutet das, dass sich Gesetze, die im Bereich der öffentlichen Moral liegen, weitestgehend an wörtliche Vorschriften aus Koran und Sunna zu halten haben. In Bezug auf alle anderen Interaktionen zwischen Individuen im politischen, wirtschaftlichen und sozialen Bereich (mu'amalat) bleibt hier ein großer Spielraum für menschliche Interpretationen und somit auch für die »menschliche« Gesetzgebung. Die gesetzgebende Gewalt muss sich hier lediglich am prinzipiellen Ethos der Scharia orientieren. Die Entscheidung darüber, welche Gesetze oder staatlichen Handlungen im Allgemeinen nun mit dem Ethos der Scharia übereinstimmen, fällt dem Parlament zu, das aus frei und fair gewählten Laien – und nicht aus Religions- oder Rechtsgelehrten – besteht. »Beratend« soll dem Parlament ein Gremium aus islamischen Rechtsexperten der renommierten sunnitischen al-Azhar-Universität zur Seite stehen.

Freiheit

Unter der Freiheit als zweites übergreifendes ethisches Scharia-Prinzip versteht die Muslimbruderschaft in erster Linie, dass Bürgern politische Rechte gewährt werden, allen voran das aktive und passive Wahlrecht sowie das Recht, Parteien zu gründen. Gemeint sind hier außerdem die zivilen Freiheiten, die sich auf den politischen Prozess beziehen: die Versammlungs-, Organisations-, Meinungs- und Demonstrationsfreiheit.

Gerechtigkeit

Die Muslimbruderschaft versteht unter dem dritten zentralen ethischen Prinzip der Scharia in erster Linie die soziale Gerechtigkeit und erklärt, dass der Staat die Grundbedingungen für ein menschenwürdiges Leben zu schaffen habe und somit im Bereich der medizinischen Versorgung, der Ernährung und des Wohnraums für die Bürger aufkommen muss.

Gleichheit

Gleichheit bedeutet für die Muslimbruderschaft, dass die Scharia-Prinzipien Gerechtigkeit, Freiheit und Schura für alle Menschen gleichermaßen gelten sollen, unabhängig von ihrer Hautfarbe, ihrem Geschlecht oder ihrer Religion. Hiermit scheint die Muslimbruderschaft auf das Konzept der Gleichheit aller Bürger vor dem Gesetz zu rekurrieren. De facto jedoch verankert die Muslimbruderschaft ihre Vorstellung von Gleichheit im Islam. Das betrifft einige wesentliche Einschränkungen der Rechte, vor allem für Frauen und religiöse Minderheiten. Von einer wahrhaften Gleichberechtigung aller kann also nicht die Rede sein. Dies ist allerdings nur einer der Gründe, weshalb der islamische Referenzrahmen einige der akzeptierten demokratischen Konzepte zumindest potenziell unterhöhlt.

Der »islamische Referenzrahmen« und der illiberale Charakter der politischen Ordnung

Der islamische Referenzrahmen schreibt vor, dass die Scharia als Hauptquelle des Rechts zu gelten hat und überdies Haltung und Handeln des Staates durchziehen soll. Dies bringt Einschränkungen so einiger demokratischer Prinzipien mit sich, auch wenn die Muslimbruderschaft vorgibt, diese zu akzeptieren.

Der »islamische Staatsbürger«

Die Problematik ergibt sich im Kern daraus, dass die Gruppe ihr Konzept des Staatsbürgers im Islam verankert und damit von vornherein die Rechte nicht-muslimischer Minderheiten beschneidet. Denn im klassischen Rechtsverständnis des Islam wird zwischen den Rechten von Muslimen und Nicht-Muslimen unterschieden. Volle Bürgerrechte genießen lediglich männliche Muslime. Die Nicht-Muslime werden unterteilt in Christen und Juden einerseits (ahl-al-Kitab), die Besitzer einer Schrift, die zumindest *einen* Gott anbeten, und in Angehörige anderer Religionen andererseits. Lediglich die erste Gruppe genießt gewisse Rechte. Christen und Juden werden im klassischen islamischen Recht als Schutzbefohlene (dhimmi) ausgegeben. Sie haben eine besondere Steuer (jiziya) zu entrichten und genießen im Gegenzug den Schutz des islamischen Gemeinwesens, im Ernstfall auch den militärischen Schutz. Außerdem bleiben ihnen einflussreiche

Ämter verwehrt: neben dem des Staatsoberhauptes leitende Funktionen im Militär oder das Amt des Richters. Auch die Muslimbruderschaft schränkt die Rechte der Christen und Juden ein. Und wenn sie sich dabei meist auf die christliche Minderheit bezieht, betrifft dies immerhin mit rund 10 Prozent der Gesamtbevölkerung die mit Abstand größte religiöse Minderheit Ägyptens.

Mit der Parole, »gleiche Rechte, gleiche Pflichten« für Christen wie Muslime, versuchen sie zwar darüber hinwegzutäuschen, jedoch macht die Lektüre der Programmschriften der Gruppe schnell klar: Gleiche Rechte, gleiche Pflichten sollen nur im politischen, nicht im religiösen Bereich gelten. Das bedeutet beispielsweise, dass Christen von allen religiös konnotierten Ämtern ausgeschlossen bleiben, sofern dies nicht explizit anders festgehalten wird. Im Staatskonzept der Muslimbruderschaft bedeutet das: Christen dürfen das Amt des Staatsoberhauptes nicht ausüben, weil dem Staat auch zentrale religiöse Aufgaben zukommen. Dagegen bleibt strittig – und in den Programmschriften oft völlig ausgeblendet –, ob Christen das Richteramt ausüben dürfen (denn Hauptquelle des Rechts soll die Scharia sein) und inwieweit sie führende militärische Positionen bekleiden dürfen (wenn Krieg religiös, als Dschihad, definiert werden kann). Was die Muslimbruderschaft der christlichen Minderheit jedoch unbestritten zuspricht, sind das aktive und passive Wahlrecht bei Vertretungskörperschaften und das passive Wahlrecht bei der Wahl des Staatsoberhauptes. Außerdem ist Christen die Ausübung ihrer Religion zugesichert, Missionsarbeit jedoch wiederum untersagt. Im Personenstandsrecht unterliegen sie nicht dem Scharia-Recht, sondern dürfen ihr eigenes Recht anwenden. Auch haben Christen dieselben folgenden zivilen Freiheitsrechte, wie sie ihren muslimischen Mitbürgern zugesprochen werden: Auch ihnen soll Versammlungs-, Demonstrations-, Meinungs- und Organisationsfreiheit gewährt werden.

Die Rechte der Mitglieder anderer religiöser Gemeinschaften bleiben völlig ungeklärt. Damit steht immer im Raum, dass diese – falls sie nicht zum Islam konvertieren – keinerlei Rechte besitzen.

Die Rolle der Frau und die öffentliche Moral

Gleiche Rechte für Mann und Frau sind im anvisierten Staat der Muslimbruderschaft nicht vorgesehen.

Im Islam kommt der Frau die besondere Verantwortung für die Erziehung der kommenden Generationen zu. Die intakte Familie sei der Kern der ägyptischen Gesellschaft, so argumentiert die Muslimbruderschaft, deshalb sei ihr Erhalt, den vor allem die Frau garantiert, von zentraler Bedeutung. Die Arbeitstätigkeit der Frau muss also mit ihrer Rolle als Mutter vereinbar sein und darf sie nicht an der Ausübung ihrer mütterlichen Pflichten hindern. Laut Muslimbruderschaft unterscheidet sich die Frau aber ebenfalls durch ein verletzlicheres »Schamgefühl« vom Mann. Aus diesem Grunde zieme es sich für die Frau, lediglich Gesicht und Handflächen zu zeigen – das heißt, ein Kopftuch zu tragen und mit ihrer Kleidung den Körper bis auf die Hände bedeckt zu halten. Auch der allzu offene Kontakt mit Männern im öffentlichen Raum soll vermieden werden.

Zudem hat der Staat – laut Muslimbruderschaft – im Bereich der öffentlichen Moral Scharia-Normen weitestgehend wörtlich zu verstehen und umzusetzen, was die Rechtslage der Frauen noch verschlimmert. Mit öffentlicher Moral sind hier vor allem die Beziehungen zwischen den Geschlechtern im öffentlichen Raum gemeint. Bei der Muslimbruderschaft wird nun der Staat zum Beschützer und Bewahrer eines ultrakonservativen Wertekanons in der ägyptischen Gesellschaft. Sie geht sogar so weit, diese Funktion des Staates als wesentlichen Bestandteil der Herrschaft oder Souveränität des Volkes – und damit der Demokratie – zu bezeichnen. Denn in ihrer Überzeugung ist die konservativ-islamische öffentliche Moral der unantastbare Kern der ägyptischen Gesellschaft und ihrer islamischen Identität. Nur wenn sich dieser Wertekodex in der gesellschaftlichen Ordnung manifestiere, könne man davon sprechen, dass das Volk wahrhaft souverän sei.

Die öffentliche Moral verlangt also insbesondere den strengen Blick auf die Rolle der Frau: Aufgrund ihrer »Schamhaftigkeit« soll die Frau den zu offenen Kontakt mit nicht verwandten Männern meiden. Die berufliche Tätigkeit der Frau sollte zu ihrer »weiblichen Natur« passen, was den Beruf der Lehrerin, Kindergärtnerin oder Krankenschwester als besonders geeignet erscheinen lässt. Regelmäßige Dienstreisen dagegen, auf denen die Frau alleine unterwegs wäre, sind gering zu halten und freizügige Kleidung abzulehnen. Zu einer adäquaten Bekleidung gehört meist das Kopftuch.

Die Darstellung von Frauen in kulturellen Produktionen, wie Theater, Kino oder auch in der Werbung, soll sich dem Rollenbild der Frau mit erhöhter »Schamhaftigkeit« und ihrer besonderen Rolle als Mutter anpassen. Kino- und Fernsehfilme, die leicht bekleidete Frauen zeigen oder sexuelle Handlungen auch nur andeuten, sollen zensiert werden. Auch berühmte arabische Popmusikerinnen, wie etwa Haifa Wehbe, werden für ihr »freizügiges« Auftreten kritisiert und dazu angehalten, ihre Auftritte und Musikvideos mit der »arabischen Kultur« in Einklang zu bringen. Dabei ist es jedoch wichtig zu betonen, dass es der Muslimbruderschaft nicht um eine Verdrängung der Frau aus dem öffentlichen Raum geht, sondern um den »moralisch korrekten« Umgang der Geschlechter miteinander. Die Auslegung dieser Ansicht fällt allerdings selbst in den Reihen der Muslimbruderschaft recht unterschiedlich aus. Im Extremfall kommt es im öffentlichen Raum, zum Beispiel an Universitäten, zur »moralisch korrekten« Segregation, was durchaus einige Muslimbrüder befürworten.

Fernab des Bereichs der öffentlichen Moral, in der Politik, genießt die Frau weit mehr Rechte: Sie hat das Recht, Parteien zu gründen, das aktive und passive Wahlrecht bei Vertretungskörperschaften sowie zumindest das passive Recht zur Wahl des Staatsoberhaupts. Auch genießen Frauen ebenso wie Männer Meinungs-, Versammlungs-, Demonstrations- und Organisationsfreiheit. Die Rechte von Frauen werden also immer dann beschnitten, wenn sie sich auf den kulturellen und moralischen Bereich beziehen und mit konservativen islamischen Moralvorstellungen kollidieren.

Islamische Demokratie, nicht liberale Demokratie

Da der Staat der Muslimbrüder die Rechte seiner Bürger einschränkt und sein Konzept des Staatsbürgers im Islam verankert, ist er nicht mit einer liberalen Demokratie im westlichen Sinne vereinbar. Letztlich ist in diesem Staat nur der demokratische Kernmechanismus einer regelmäßigen Machtrotation durch freie und faire Wahlen gegeben. Viele Kritiker der Muslimbruderschaft werfen der Gruppe vor, über diese Tatsachen hinwegzutäuschen. Und in der Tat hat die Muslimbruderschaft mit ihrem Zwei-Komponenten-Staat – »zivil und demokratisch« die eine und »islamisch« die andere – versucht, für ganz unterschiedliche Akteure als Partner attraktiv oder zumindest »tragbar« zu sein: sowohl für liberale Ägypter und westliche Regierungen als auch für ein islamistisches Klientel. Verleugnet aber hat die Gruppe ihre dezidiert islamistischen Staatsvorstellungen letztlich nicht. In ihren Programmschriften hat die Muslimbruderschaft zu keinem Zeitpunkt eine liberale Demokratie nach westlichem Vorbild propagiert, vielmehr bietet sie dem ägyptischen Volk mit Stolz ein ganz eigenes Staatskonzept an: eine Art islamische Demokratie, die beansprucht, kompatibel mit der Kultur des Landes und insofern »authentisch« zu sein. Damit wollte die Gruppe ihre intellektuelle Führerschaft in der aufkommenden ägyptischen Demokratiebewegung etablieren. Dies ist jedoch kläglich gescheitert, wie die Massendemonstrationen gegen Präsident Mursi im Jahr 2013, die in dessen Sturz durch das Militär mündeten, zeigen.

Außenpolitische Vorstellungen

Die Muslimbruderschaft hat dem ägyptischen Volk nicht nur eine Programmatik hinsichtlich der anvisierten politischen Ordnung vorgelegt. Sie hat auch ihre Vorstellungen zur Außenpolitik des Landes formuliert. Vor allem in der letzten Dekade der Herrschaft Mubaraks, von 2000 bis 2011, ist Außenpolitik im Denken der Gruppierung immer prominenter geworden. Dies lag vor allem daran, dass weite Teile der ägyptischen Bevölkerung die Politik der USA und Israels im Nahen Osten als zunehmend aggressiv empfanden und somit auch einen Kurswechsel der prowestlichen ägyptischen Politik forderten.

In der ägyptischen Bevölkerung wurde der Beginn der zweiten palästinensischen Intifada im Jahr 2000 als Auftakt einer Ära des »aggressiven« Vorgehens von Israel und den USA angesehen. Den Anschlägen des 11. September 2001 folgten der von den USA angeführte Einmarsch von NATO-Truppen in Afghanistan (2001), die Invasion des Iraks (2003) sowie der Libanon-Krieg (2006), später der Gaza-Krieg (2008/9). Im Zuge all dieser militärischen Aktionen kam es in der arabischen Welt und insbesondere in Ägypten zu massiven Demonstrationen. Zunächst entlud sich nur die Wut der Bevölkerung auf das Handeln der Amerikaner und Israelis in der Region. Schnell aber gesellte sich dem die Kritik der eigenen prowestlichen und autoritären Regime hinzu, darunter das ägyptische, saudische oder jordanische Regime. Ihnen warf man mindestens stillschweigende Akzeptanz, meist sogar Kollaboration mit den USA und Israel vor.

Weite Kreise der Gesellschaft warfen Mubarak vor, arabische Interessen zunehmend denen Israels und der Vereinigten Staaten unterzuordnen, um sich die westliche Zustimmung dafür zu »erkaufen«, seine politische Macht bald an seinen Sohn Gamal Mubarak weitervererben zu können. Als Höhepunkt dieser Taktik wertete man Mubaraks Mithilfe bei der israelischen Blockade des Gazastreifens, die eine humanitäre Katastrophe über das palästinensische Volk gebracht habe. Aber dies war nicht der einzige Punkt, den ein Großteil des ägyptischen Volkes an Mubaraks Außenpolitik kritisierte. Dass das Regime sich westlichen Interessen vorbehaltlos beuge, gefährde die Stellung Ägyptens in der arabischen Welt. Lange schon hat das Land Anspruch auf regionale Führerschaft erhoben. Und dies nicht ganz zu Unrecht.

Ägypten scheint für eine regionale Führungsrolle geradezu prädestiniert zu sein. Es ist, geostrategisch günstig gelegen, der bevölkerungsreichste arabische Staat und in Besitz der größten arabischen Armee. Unter Präsident Nasser hatte das Land auch tatsächlich eine regionale Führungsrolle inne, damals als Hauptverfechter des »arabischen Nationalismus«, der die Unabhängigkeit der gesamten Region von kolonialer Fremdherrschaft anstrebte, die Blockfreiheit und letztlich die politische Vereinigung aller arabischen Staaten. Nach Nassers Tod 1970 nahm die Vormachtstellung Ägyptens jedoch sukzessive ab und erreichte – laut vieler Kritiker – ihren Tiefpunkt gegen Ende der Mubarak-Herrschaft.

Diese Stimmung hat die Muslimbruderschaft explizit in ihren Programmen aufgegriffen. Zentrales Element ihrer außenpolitischen Vorstellungen ist, Ägypten erneut zur Regionalmacht zu machen.

Ägypten als Regionalmacht

Die Muslimbruderschaft möchte für Ägypten volle Souveränität und eine wahrhaft unabhängige Außenpolitik vom Westen erreichen. Die Unterordnung unter amerikanische und israelische Interessen und die daraus resultierende außenpolitische Schwäche des Landes seien einzig und allein auf Mubaraks autoritäre Herrschaft zurückzuführen. Er hätte den Willen des Volkes missachtet, der keine derartige Kooperation mit Israel (wie in Bezug auf den Gazastreifen) zulasse und der das militärische Vorgehen der Amerikaner auf arabischem Boden nicht dulde. Mubarak hätte mit seiner Politik einen Keil zwischen Volk und Staat getrieben und damit die Schwächung des Landes auf regionaler und internationaler Ebene vorangetrieben. Die Lösung sei die Demokratie, denn bei freien Wahlen würde die Muslimbruderschaft an die Macht kommen und an der Macht bleiben. Sie würde dann – in Übereinstimmung mit dem Willen des Volkes – wahrhaftig für ägyptische und arabische Interessen einstehen und Ägyptens Souveränität wiederherstellen. Quasi automatisch würde das Land hierdurch seinen regionalen Führungsstatus sukzessive zurückerlangen.

Darüber hinaus finden sich jedoch nur relativ wenige Details zur anvisierten Außenpolitik in den Programmschriften der Muslimbruderschaft. Solange sie noch Oppositionskraft unter Mubarak gewesen war, stellte dies kein Problem dar. Ganz im Gegenteil: Die Vorstellungen der Muslimbruderschaft erfreuten sich damals großer Popularität. Denn nicht nur die Muslimbrüder verbanden die Forderung nach einem Ende des Autoritarismus in Ägypten mit der Forderung nach einer unabhängigen Außenpolitik. Spätestens seit den Jahren 2004 und 2005 verknüpfte die entstehende Protestbewegung – die 2011 in die »Revolution des 25. Januar« und den Sturz Mubaraks münden sollte – die Forderung nach demokratischen Wahlen mit der Forderung nach einer unabhängigen Außenpolitik des Landes.

Die Muslimbruderschaft traf somit also den Zeitgeist – solange Mubarak noch an der Macht war. Ihr Mangel an detaillierteren außenpolitischen Vorstellungen sollte der Gruppe allerdings *nach* dem Sturz Mubaraks Probleme bereiten, als sie den Verheißungen von der Rückeroberung der Führungsrolle Ägyptens nur wenige Taten folgen lassen konnte.

Was aber bedeutet eine vom »Westen unabhängige Außenpolitik« grundsätzlich? Soll das etwa heißen, dass die Muslimbruderschaft einen konfrontativen antiwestlichen Kurs, wie etwa der Iran unter Ahmadinedschad, anstrebt? Obwohl die Muslimbruderschaft dem Iran im Allgemeinen positiv gegenübertritt, so sieht sie doch vielmehr die Türkei als klares Vorbild.

Vorbild Türkei: ebenbürtiger Partner des Westens, nicht Paria

Als Beweis dafür, dass demokratische Wahlen und die darauffolgende Entstehung einer islamisch orientierten Regierung die außenpolitische Stärke eines Landes mit sich bringen würden, führt die Muslimbruderschaft die Islamische Republik Iran und die von der AKP geführte Türkei an. Beide Staaten haben ihre regionale Stellung seit der Jahrtausendwende deutlich verbessern können. Einige Mitglieder der Muslimbruderschaft tun sich jedoch mit dem Vorbild Iran schwer, da sie die iranischen Wahlen als alles andere als demokratisch betrachten. Dies war vor allem nach den Präsidentschaftswahlen von 2009 der Fall, bei denen es zur gewaltsamen Niederschlagung von Protesten kam. Dadurch wurde die Türkei zum weitaus populäreren Modell, an dem sich die Muslimbruderschaft heute orientiert.

Besonders bewundert die Gruppierung das diplomatische Geschick der Türkei, die – ihrer Meinung nach – vom Westen als Partner auf Augenhöhe wahrgenommen wird. Dies strebt die Muslimbruderschaft auch für Ägypten an: Als ein außenpolitisch unabhängiges Land soll es selbstbewusst und erfolgreich – aber ohne eine per se antiwestliche Haltung – für die eigenen Interessen eintreten. Stattdessen wolle man als diplomatischer Player vom Westen ernst genommen werden und die eigenen Interessen diplomatisch, ohne Waffengewalt durchsetzen.

Die Orientierung der Muslimbruderschaft an der Rolle der Türkei kam auch in dem Diskurs über die »demokratische

Achse« zum Ausdruck. Sowohl die türkische AKP-Regierung als auch die ägyptische Muslimbruderschaft ließen nach dem Wahlsieg der ägyptischen Islamisten bei den Parlamentswahlen von 2011/2012 (Muslimbrüder und Salafisten hatten hier zusammengenommen rund 70 Prozent der Stimmen erhalten) mehrfach die Idee einer demokratischen Achse anklingen. Ihre zentralen Staaten sollten Ägypten und die Türkei sein. Die Achse sollte durch Demokratie, islamisch orientierte Parteien in Regierungsverantwortung, durch unabhängige Außenpolitik sowie durch hohe Anerkennung seitens der USA und Europas gekennzeichnet sein.

Diese türkisch-ägyptische Idee sollte sich jedoch nicht materialisieren. Zum einen machte die Absetzung Mursis durch das Militär im Juli 2013 einen Strich durch die Rechnung, zum anderen waren bereits zuvor Spannungen zwischen Muslimbruderschaft und AKP aufgekommen. Als Erdogan bei einem Besuch in Ägypten davon sprach, dass das türkische säkulare Modell sich auch für Ägypten eigne, erntete er starke Kritik seitens der Muslimbruderschaft. Letztendlich legte dieser kleine Eklat zwei grundsätzliche Probleme offen. Erstens warf er die Frage auf, inwieweit die Vorstellungen der AKP und der Muslimbruderschaft tatsächlich kompatibel sind. Die Muslimbruderschaft lehnt beispielsweise einen säkularen Staat für sich kategorisch ab. Zweitens machte der Vorfall die Konkurrenz zwischen Ägypten und der Türkei deutlich. Sich von der Türkei in dieser Weise bevormunden zu lassen, lehnte die Muslimbruderschaft ab. Immer wieder betonte die Gruppierung nun, dass die Türkei Führungsmacht ihrer eigenen Region sei und Ägypten die Führungsmacht der arabischen Welt. Welche Region der Türkei dabei zukommen sollte, bleibt jedoch ein Rätsel.

Der Westen und die Angst vor kultureller Überfremdung

Mit der Orientierung am türkischen Modell wird deutlich, dass die Muslimbruderschaft nicht eine per se antiwestliche Haltung in Fragen der internationalen Politik einnehmen möchte. Dennoch ist ihr Verhältnis zum Westen nicht unbelastet. Während dies zunächst zwar in erster Linie Auswirkungen auf Politikfelder jenseits der Außenpolitik hat – insbesondere im soziokulturellen Bereich –, so sind dennoch Rückwirkungen auf die ägyptischen Beziehungen zu westlichen Staaten nicht ausgeschlossen.

Die Muslimbruderschaft fürchtet eine kulturelle Überfremdung durch westliche Kultur. Sie unterstellt insbesondere den Vereinigten Staaten, implizit aber auch den europäischen Ländern, mit ihrer Jugendkultur, ihrer Film- und Musikindustrie, aber auch mit Institutionen wie der Weltbank und dem Internationalen Währungsfonds die innere Struktur der ägyptischen sowie aller arabischen Gesellschaften unterlaufen zu wollen. Ziel sei es, so behauptet die Muslimbruderschaft, die islamische Moral und den inneren Zusammenhalt der Gesellschaft zu zerstören, um schließlich die Unterwerfung dieser Gesellschaft zu vereinfachen.

Während die Muslimbruderschaft im Bereich der Außenpolitik eine pragmatische Haltung gegenüber dem Westen einnehmen will, strebt die Gruppe im sozialen und kulturellen Bereich jedoch durchaus eine starke Abgrenzung vom Westen an. Dies kann Ägyptens Beziehungen zum Westen auf unterschiedlichen Ebenen tangieren, da die Muslimbruderschaft beispielsweise auch Institutionen wie die Weltbank und den Internationalen Währungsfonds als Instrumente für eine kulturelle Überfremdung ansieht. Durchaus ernst zu nehmende Spannungen könnten auch im Bereich des Tourismus entstehen, wenn ausländische Touristen sich an eine konservativere islamische Gesetzgebung zu halten hätten, die etwa den Konsum von Alkohol verbieten oder Kleidungsvorschriften für Frauen erlassen würde.

Das höchste Spannungspotenzial zwischen Ägypten und Europa beziehungsweise den Vereinigten Staaten liegt jedoch immer noch im Nahostkonflikt. Die skeptische bis strikt ablehnende Haltung der Islamisten weltweit gegenüber Israel ist hinreichend bekannt. Wie aber positioniert sich hier die Muslimbruderschaft?

Die Sicht auf Israel

In Bezug auf Israel betreibt die Muslimbruderschaft einen »doppelten Diskurs«. Er setzt sich zum einen aus einem emotionalen und zum anderen aus einem politisch-pragmatischen Diskurs zusammen. Ersterer wird vornehmlich zur Mobilisierung der Graswurzelanhängerschaft eingesetzt.

Letzterer wird eher vom politischen Flügel der Muslimbruderschaft vertreten, der sich nach dem Sturz Mubaraks in der Partei für Freiheit und Gerechtigkeit institutionalisierte, und betraf im politischen Tagesgeschäft die Interaktion mit anderen politischen Gruppierungen und anderen Staaten.

Der emotionale Diskurs

Die Muslimbruderschaft mobilisiert ihre Basis mit Kampfbegriffen (»zionistisches Gebilde«) für die Bezeichnung des Landes und despektierlichen Aussagen über israelische Bürger. Außerdem lobt die Gruppe ausdrücklich Gewaltakte, auch jene der Hamas gegen Israel. Sie werden als legitimer Widerstand gegen den illegitimen israelischen Besatzer befürwortet. Zwei Aspekte sind hierbei jedoch zu betonen: Erstens hat die Muslimbruderschaft selbst – zumindest seit Mubaraks Machtantritt 1981 und der offiziellen Absage an die Gewalt – keine Gewaltakte gegen Israel verübt. Laut der Muslimbruderschaft ist es nur für den Besetzten selbst legitim, sich mit Waffengewalt gegen den Besatzer zu wehren, sprich für die Palästinenser in den palästinensischen Gebieten selbst. Zweitens ist es wichtig, hier zu betonen, dass dieser »emotionale Diskurs« der Muslimbruderschaft keineswegs nur bei der islamistischen Anhängerschaft auf offene Ohren stößt. Ganz im Gegenteil finden sich in weiten Teilen der ägyptischen Bevölkerung antiisraelische Ressentiments – unabhängig von politischer Gesinnung und sozialem Stand.

Der politisch-pragmatische Diskurs

Der politische Flügel der Muslimbruderschaft betont stets, den 1979 mit Israel geschlossenen Frieden anzuerkennen. Er behält sich jedoch vor, dass einzelne Aspekte Camp Davids neu verhandelt werden müssten. Das Existenzrecht Israels selbst wird vom politischen Flügel nicht in Frage gestellt und die Zwei-Staaten-Lösung impliziert.

In der kurzen Amtszeit Mursis wurde deutlich, dass die Muslimbruderschaft in ihrer Politik gegenüber Israel weithin dem politisch-pragmatischen Kurs gefolgt ist: Während der ersten gewaltsamen Eskalation zwischen Israel und dem von der Hamas geführten Gazastreifen griffen weder Partei noch der Präsident zu Kampfparolen oder Waffen. Stattdessen setzte sich Mursi für eine diplomatische Lösung des Konflikts ein. Im November 2012 wirkte er auf eine Waffenruhe hin. In diesem Konflikt vermied er also eine einseitige Parteinahme für die Hamas und trat stattdessen als Vermittler zwischen beiden Parteien auf, obgleich doch die Hamas eine mit der ägyptischen Muslimbruderschaft verwandte Organisation ist und sie während der ersten Intifada 1987 aus der Muslimbruderschaft im Gazastreifen hervorgegangen war.

Der Traum muslimischer Einheit und des Kalifats

Die Verwandtschaft von Muslimbruderschaft und Hamas macht auch den transnationalen Charakter der islamistischen Bewegung deutlich. Die Muslimbruderschaft selbst hat zahlreiche – weitgehend unabhängig agierende – Ableger in den verschiedenen arabischen und muslimisch geprägten Staaten. Außerdem ist die islamistische Bewegung insgesamt weitaus globaler und umfasst beispielsweise auch die salafistische Bewegung, die in der gesamten arabischen und muslimischen Welt aktiv ist.

Lose zusammengehalten wird diese sehr breite und heterogene transnationale islamistische Bewegung durch den vagen Gedanken einer großmuslimischen Einheit, in dessen Zentrum die politische Einheit in Form eines Kalifats steht. Allein aufgrund der vielen Unterschiede und Streitigkeiten innerhalb der islamistischen Bewegung kommt die Idee des Kalifats jedoch einer Utopie gleich. Dessen ist sich die Muslimbruderschaft durchaus bewusst. Die Realität des Nationalstaats und seiner Grenzen bestimmt schon früh, seit den 1940er Jahren, das politische Denken der Gruppe. Jedoch rekurrieren prominente Muslimbrüder immer wieder auf den großen islamischen Traum des Kalifats. So zuletzt Muhammad al-Badie, der Oberste Führer der Muslimbruderschaft, der Ende 2011 verkündete, dass man nun der Verwirklichung des Kalifats einen großen Schritt näher gekommen sei.

Man muss also auch hier zwischen einem politisch-pragmatischen und einem emotionalen Diskurs der Muslimbruderschaft unterscheiden. Die Idee des Kalifats ist für viele Islamisten eine »mächtige« Idee, auch wenn dessen Umsetzung zumindest auf absehbare Zeit unrealistisch bleibt.

4. Begegnungen ohne Programm

Wer sind die Menschen hinter den Kulissen der Muslimbruderschaft? Woher kommen sie, was wollen sie erreichen? Was eint die Gruppe, die sich doch aus verschiedenen Generationen und Strängen zusammensetzt? Die hier folgenden Abschnitte skizzieren einige meiner persönlichen Gespräche mit Mitgliedern der Bruderschaft. Sie geben lediglich subjektive Eindrücke dieser Begegnungen wieder. Und natürlich fallen die hier interviewten Muslimbrüder auch nicht immer haarscharf mit den bereits idealtypisch beschriebenen Strömungen und Generationen zusammen. Aber genau dieser persönliche Einblick in die Muslimbruderschaft, jenseits ihrer Programmschriften, ist Gegenstand der folgenden Seiten.*

---

* Die Namen wurden aufgrund der Sicherheit der Gesprächspartner geändert. Alle der hier beschriebenen Interviews wurden bis kurz vor dem Sturz Mubaraks geführt.

Ahmed – Der »Internet-Aktivist«

Ich treffe Ahmed in einem Café im Reichenviertel Zamalek. Es ist Ende 2010 und damit kurz vor der »Revolution des 25. Januar«. Ahmed passt hier nicht unbedingt hin, er ist nicht so schick angezogen und zurechtgemacht wie die anderen Jugendlichen. Er wirkt, als verschenke er ungern wertvolle Zeit, um sich übermäßig mit seinem Äußeren zu beschäftigen. Ahmed hat ganz andere Pläne und ist derzeit viel beschäftigt. Er ist erst Anfang zwanzig und hat gerade sein Bachelor-Studium abgeschlossen. In seiner Freizeit aber konnte er bereits einige Erfahrungen sammeln: als Wahlbeobachter bei den Parlamentswahlen von 2005 zum Beispiel. Außerdem war er für den Webauftritt der Muslimbrüder mitverantwortlich und hat für verschiedene Medien kleinere Jobs übernommen. Er wirkt an dem Tag in Zamalek ziemlich übermüdet, und einige Monate später soll auch klar werden, warum: Er ist einer der Drahtzieher in den Jugendgruppen gewesen, die die Proteste vom 25. Januar organisierten. Und schon jetzt, wenige Monate vor Mubaraks Sturz, sind immer wieder Protestaktionen im Gange, zu deren Organisation sich Ahmed regelmäßig die Nächte um die Ohren schlägt. Ahmed versteht sich als ein »liberaler Muslimbruder«. Schon seine Eltern waren aktive Mitglieder, also macht es für ihn Sinn, sich ebenfalls und auch dort zu engagieren. Schließlich, so betont er, sei die Muslimbruderschaft auch stärkste Opposition im Land und habe somit durchaus die Kapazitäten, etwas im Land zu bewirken. Langfristig sieht er sich aber nicht in der Gruppe. Er sagt, seit dem Machtwechsel im Führungsbüro, im Jahr 2010, habe die Jugend keine Gestaltungsmöglichkeiten in der Gruppe mehr, denn seither seien lauter Erzkonservative aus dem »Geheimapparat und der Qutbisten-Strömung« an die Macht gelangt. Die zwei großen Verbündeten der Jugend in der Führungsriege waren zuvor Muhammad Mahdi Akef, Oberster Führer bis 2010, und Abdel Moneim Abul Futuh gewesen. Sie hatten der Jugend zum Beispiel die Verantwortung für den Webauftritt der Muslimbrüder übertragen und damit einigen Einfluss auch innerhalb der Gruppe ermöglicht. Dass Ahmed irgendwann aussteigen will, liegt nicht allein daran, dass er in der Gruppe kaum mehr Gestaltungsmöglichkeiten für sich sieht, sondern hat auch ideologische Gründe. Er findet zwar ebenso wie das Gros der Muslimbrüder, dass im idealen Staat der Wille des Volkes und die Freiheiten der Bürger durch den Islam gedeckt sein sollten – und kann sich damit prinzipiell im Konzept des zivilen Staates mit islamischem Referenzrahmen wiederfinden: Sein Verständnis vom Islam und der Scharia ist aber deutlich weniger konservativ als das der momentanen Führung, vor allem im Bereich der öffentlichen Moral und der Rolle der Frau. Für ihn bedeutet Scharia in erster Linie, dass deren ethische Leitprinzipien – Gerechtigkeit, Freiheit und Gleichheit – verhindern sollen, dass ein Staat in autoritäre Herrschaft und soziale Ungerechtigkeiten abdriftet. Da Ahmed ein sehr flexibles Verständnis davon hat, wie diese Leitprinzipien umgesetzt werden können, und er nicht-islamistischen Kräften gegenüber tolerant ist, arbeitet er auch wunderbar mit linken und säkularen Aktivisten zusammen und organisiert mit ihnen beispielsweise gemeinsame Protestaktionen. Sie alle vereint im Jahr 2010 eines: die grundsätzliche Ablehnung autoritärer Herrschaft, der Wille zur Demokratie und der Wunsch, Mubaraks System langsam zu erodieren und schließlich zum Einsturz zu bringen. Mit Begeisterung in den Augen erzählt Ahmed, wie bei einem der letzten Proteste einer der Polizisten, die den Demonstranten Einhalt gebieten sollten, diesen zugerufen habe: »Jungs, bringt Mubarak zu Fall, denn wir können es nicht!« Das war im Herbst 2010. Ahmed will mir unbedingt die Tonbandaufnahme vorspielen, auf der das zu hören ist. Mir fällt dabei sofort der Iran ein. Ich erwähne, dass bei der dortigen Revolution die Sicherheitskräfte irgendwann ihre Waffen weggeworfen haben, mit denen sie auf Demonstranten hätten schießen sollen; sie schlossen sich stattdessen den Demonstranten an. »Ja genau, so haben wir das auch vor«, sagt Ahmed strahlend.

Als es dann tatsächlich so weit gekommen war und Mubarak gestürzt wurde, machte Ahmed seine Ankündigung tatsächlich wahr. Er trat aus der Muslimbruderschaft aus und nennt sich heute »unabhängiger Liberaler«. Er setzt sich weiter für eine Demokratisierung des Landes ein, auch wenn er damit sogar die Mursi-Regierung scharf kritisieren musste. Einen ähnlichen Weg wählte der ehemals hochrangige Muslimbruder Abul Futuh, der aus der Gruppe austrat und sich 2012 zum Präsidentschaftskandidaten aufstellen ließ und immerhin als viertstärkster Kandidat mit 17,9 Prozent der Stimmen aus der Wahl hervorging. Hinter ihm standen nicht nur Teile der Muslimbruder-Jugend, sondern auch nichtislamistische Aktivisten der »Revolution des 25. Januar«. Hier gibt es sie also tatsächlich, die Schnittmenge aus prodemokratisch orientierten Kräften, ob sie nun einen linken, säkularen oder islamistischen Hintergrund haben.

Khaled – Der al-Azhar-Student

Ganz anders aber ist Khaled, ebenfalls ein junges Mitglied der Muslimbrüder. Er studiert an der berühmten al-Azhar-Universität, einer wahrhaft bedeutenden Instanz im sunnitischen Islam. Khaled interessiert sich vor allem für zwei Dinge: Religion und Mode. Politik scheint ihn nicht groß zu interessieren, abgesehen natürlich vom israelisch-palästinensischen Konflikt, der in seinen Augen ein religiöser Konflikt ist. Er schwingt glühende Reden über die große Ehre, für Palästina als Märtyrer zu sterben. Ich bin mir da nicht so sicher. Ich schaue ihn, mit seinem perfekten Styling, an: Er trägt teure amerikanische Marken. Er ist stark auf sein Äußeres bedacht. Alles in allem sieht er aus wie ein Filmstar. Tatsächlich werden wir auf der Straße von einem mehr oder weniger bekannten Regisseur angesprochen, ob Khaled es sich vorstellen könnte, in einem Kinofilm mitzuspielen; er hinterlässt dem stolzen Khaled seine Karte. Ich hoffe, dass zumindest momentan die Gefahr gebannt ist und Khaled sein recht angenehmes Leben in der mittleren oder oberen Mittelschicht mit all den weltlichen Verlockungen sowie die Zukunftsaussichten als Leinwandstar nicht wird opfern wollen.

Im Vergleich zu Ahmed ist Khaled alles andere als ein Freigeist oder ein politischer Aktivist. Mit den strikten hierarchischen Strukturen der Muslimbruderschaft hat er kein Problem, sondern fügt sich willig ein. Seine Bindung zu den Muslimbrüdern besteht vor allem über den Islam, und hier scheint er in strikten Kategorien zu denken. Er erzählt mir vom Punkte-System: Im Leben häufe man bei Untugenden und Sünden Minuspunkte an und bei guten Taten Pluspunkte. Es scheint ein sehr ausgeklügeltes System zu sein, wenn fast jede Aktivität im Leben mit irgendwelchen Punkten versehen wird. Ich frage mich, wie man da den Überblick behält; wahrscheinlich muss man Buch führen. Augenzwinkernd bekomme ich aber auch erzählt, dass es durchaus Tricks und Kniffe gebe, dieses Punkte-System zu überlisten. Aber das Allerbeste sei, sagt Khaled mit verklärtem Blick – wie ein kleiner Junge, der gerade beim Computerspiel eine besonders hohe Punktzahl erzielt –, als Märtyrer zu sterben. Das würde wirklich sämtliche Minuspunkte auslöschen und einem die höchstmögliche Punktzahl bescheren und den entsprechenden Lohn nach dem Tod.

Tatsächlich gibt es neben den jungen Gläubigen, wie Khaled, und den jungen Revolutionären, wie etwa Ahmed, noch einen anderen Teil der Muslimbrüder-Jugend. Einen, der bis heute unhinterfragt zur Organisation und auch zur neuen Führungsriege der Gruppe steht, die vor allem aus Vertretern der Strömung von Geheimapparatlern und Qutbisten besteht. Diese Jugend teilt deren teilweise rigides und mechanistisches Verständnis des Islam und deren Vorstellungen von der Notwendigkeit strikter Hierarchie und absoluten

Gehorsams. Khairat al-Shater wird oft als der Verbindungsmann für diese Jugend genannt. Er ist das wirtschaftliche Schwergewicht der Organisation und war der ursprüngliche Präsidentschaftskandidat der Muslimbrüder, der jedoch disqualifiziert wurde, weil er nur kurz zuvor unter Mubarak eine Haftstrafe abgebüßt hatte.

Heba – Die Tochter eines hochrangigen Muslimbruders

Wenige Wochen vor dem Sturz Mubaraks bin ich auf dem Weg zu einem Gespräch mit einem hochrangigen Muslimbruder. Da gerade wieder eine Verhaftungswelle gegen die Gruppe im Gang ist, soll der Termin in einer Privatwohnung stattfinden. Als ich klingle, macht mir nicht mein Interviewpartner, sondern der Oberste Führer der Gruppe auf. Ich werde recht freundlich begrüßt, bin aber leider in ein spontanes Krisenmeeting geraten. Im Empfangszimmer sitzen alle großen Köpfe der Organisation. Ich werde also erst einmal in den hinteren Teil der Wohnung abgeschoben, zur Tochter meines eigentlichen Interviewpartners. Auf dieses Gespräch bin ich nun sehr gespannt. Wie lebt es sich wohl als Kind eines hochrangigen Muslimbruders, und vor allem als Tochter? Heba ist Anfang dreißig, Ärztin und wirkt äußerst selbstbewusst und patent. Sie lässt sich bestimmt nicht so schnell von irgendjemandem die Butter vom Brot nehmen, denke ich mir. Sie trägt ein einfaches Kopftuch, so wie die meisten Ägypterinnen, also keinen Gesichtsschleier wie die Frauen aus sehr konservativen Familien. Wir finden gleich ein gemeinsames Thema, denn wir haben beide eine Weile in London gelebt, sie sogar mehrere Jahre. Sie erzählt mir von ihren dortigen Freunden, die aus allen möglichen europäischen Ländern stammen. Nein, ihr Vater hätte kein Problem damit gehabt, dass sie so lange allein im westlichen Ausland lebte. Schließlich habe er sie ja mit den richtigen Werten erzogen und hatte ihr vertraut, dass sie in London nun nicht dem Alkoholismus verfallen oder beginnen würde, mit Männern anzubandeln. Heba erzählt, dass sie jetzt schon seit einiger Zeit wieder in Kairo lebe und sie der Zustand der Gesellschaft entsetze. Sie klagt über die Verrohung der Gesellschaft, die auch ich während meiner Aufenthalte in Kairo gespürt habe. Das Problem seien die mangelnde Achtung, der fehlende Respekt, die Würdelosigkeit, insbesondere gegenüber den Schwachen der Gesellschaft, beklagt sie. Betroffen von Missachtung und Gewalt seien hauptsächlich die unteren Schichten und dort vor allem die Frauen. Gewalt gegen Frauen ist in Ägypten nicht erst seit dem Sturz Mubaraks und der Abnahme der Sicherheit im Land ein Thema, Mit Sicherheit haben über die Jahre auch die stetig brutaler werdenden Foltermethoden der Polizei, denen immer mehr Menschen zum Opfer fallen, zu dieser Abstumpfung beigetragen. Heba sagt, sie fühle sich in dieser Gesellschaft nicht mehr zu Hause. Irgendwann gehen wir wieder zu leichteren Themen über und unterhalten uns schließlich über Popmusik. Als ich den neuesten Song einer arabischen Popsängerin erwähne, beginnt Heba sich aufzuregen: Sängerinnen wie Haifa Wehbe oder Ruby, die sehr freizügig in ihren Videos auftreten, gehörten vor Gericht gestellt, denn sie würden gegen die ägyptische Kultur verstoßen. Ich schlucke, hoffe aber zunächst, das sei jetzt nur so dahingesagt, und gebe zu bedenken, dass auch Frauen in Europa sich nicht ständig halb nackt irgendwo herumrekeln würden, schon gar nicht auf Kühlerhauben oder Ähnlichem; nicht zuletzt würden es auch in Europa viele Frauen kritisieren, dass die Musikindustrie Frauen zu Objekten mache, um ihren Umsatz zu steigern. Ich frage, ob das also tatsächlich ein spezifisch ägyptisches Problem sei. Aber Heba bleibt dabei, sie findet, solche Videos gehörten in Ägypten verboten und die entsprechenden Popstars vor Gericht gestellt. Wir in Europa könnten ja ruhig weiter solche Videos drehen – denn sie lässt sich nicht beirren, halb nackte Frauen seien Teil unserer Kultur, nicht der ägyptischen. Anstatt zu fragen, welche Strafe sie denn als angemessen erachten würde, interessiert mich zum Schluss doch ganz brennend, wie es nun ist als Tochter eines so hochrangigen Muslimbruders, ob man da nicht auch ins Visier der Behörden gerate? Heba erzählt davon, wie sie und ihre Geschwister tatsächlich beruflich oft zurückstecken mussten, da ihnen die Behörden viele Steine in den Weg legen würden. Ich frage sie nach der sehr schweren Situation ihres Vaters. Schließlich hat er bereits im Gefängnis gesessen, und eine erneute Verhaftung schwebt wie ein Damoklesschwert über ihm. Auszuschließen ist auch nicht, dass die Sicherheitskräfte irgendwann auch den Mitgliedern seiner Familie etwas antun könnten. Heba schaut mich traurig an und sagt, ihr Vater habe natürlich Angst um seine Familie. Aber er müsste weit mehr Angst um sie haben, wenn er sich nicht bei den Muslimbrüdern betätigen würde. Denn dann wären sie verdammt, unter dem Terrorregime Mubaraks, das die Gesellschaft so verrohen lasse, zu leben. Das sei kein gutes Leben, sagt sie. Gerade damit, dass sich ihr Vater für ein anderes Ägypten einsetze, kämpfe er auch für das Wohl und die Zukunft seiner Familie.

Die Führungsebene: Hussein aus der ältesten Generation

Spätestens jetzt will ich mir aber die Top-Führer der Gruppe selber anschauen und treffe Vertreter aus dem Führungsbüro. Die politischen Programmschriften, bei denen vor allem zwei Mitglieder aus dem Führungsbüro federführend waren und die ja vom gesamten Büro als offizielle Muslimbruderschriften abgenickt und herausgegeben wurden, habe ich zu diesem Zeitpunkt schon gelesen. Deshalb geht es mir jetzt vor allem darum, ein Gespür für die Menschen zu bekommen.

Der Erste, den ich treffe, ist Hussein, ein ganz gemütlicher alter Mann Ende achtzig. Er saß unter Nasser unzählige Jahre im Gefängnis und ist einer der Ältesten in der Führungsriege. Fast kann man ihn noch zur Generation des Gründervaters der Gruppe zählen. Während des ganzen Gesprächs schlürft er gemütlich seinen Tee. Wie ein gewitzter politischer Stratege wirkt er nicht, er ist nur wenig eloquent, und man merkt, dass Interviews für ihn keineswegs zum Tagesgeschäft gehören. Politik scheint ihn auch nicht groß zu interessieren. Ausnahme ist aber der Gazastreifen und die »humanitäre Katastrophe« die durch die Blockade der Israelis über das Gebiet gebracht worden sei. Überhaupt, »humanitäre« Fragen interessieren ihn am meisten. Er spricht viel von der Bildungs- und Missionierungsarbeit der Muslimbrüder, von den sozialen Tätigkeiten, dem Kümmern um die Unterprivilegierten. So wie er über den Islam und die Aufgaben der Muslimbrüder spricht, erinnere ich mich an etwas, das ich schon fast vergessen hatte. Worum es nämlich im Islam und bei den Muslimbrüdern vor allem geht: um Barmherzigkeit und um Nächstenliebe. Allzu oft haben Beobachter die Muslimbruderschaft auf ihren politischen Aktivismus reduziert, nicht zuletzt auch deshalb, weil die Gruppe diesen spätestens seit der Jahrtausendwende selbst immer stärker ins Zentrum gerückt hat. Aber Hassan al-Banna hatte mit der Muslimbruderschaft ja zunächst eine Wohltätigkeitsorganisation gegründet. Als ich Hussein die Frage stelle, weshalb sich die Muslimbruderschaft in Politik und Gesellschaft engagiere, obwohl das ja für eine offiziell verbotene und verfolgte Gruppe äußerst riskant sei, schaut er mich völlig ungläubig an und scheint sich fassungslos zu fragen, wie mir diese offensichtliche Tatsache nur entgehen konnte. »Natürlich, weil wir die Stimme des wahren Islam sind«, sagt er. Politik und der Kampf gegen das autoritäre Mubarak-Regime spielen für ihn persönlich ganz offensichtlich keine große Rolle. Vielmehr empfindet er als die wohl größte Ungerechtigkeit des Mubarak-Regimes, dass es die Muslimbruderschaft und damit die Kraft des »wahren Islam« unterdrückt.

Aus Husseins Erzählungen lerne ich, wie sehr er und viele andere sich endlich eine Anerkennung der wohltätigen und missionarischen Arbeit der Gruppe ersehnen, die sich nun seit so vielen Jahrzehnten für die Ausbreitung und Wiederbelebung des Islam engagiere. Wenige Monate später, als Mubarak gestürzt war, musste ich erneut an dieses Gespräch denken, denn erstmals in der Geschichte der Muslimbrüder kam es zu einem offiziellen Treffen von hohen Vertretern der Muslimbrüder und dem Scheich der al-Azhar. Diese ist im sunnitischen Islam weltweit die prestigeträchtigste Instanz. Auf einem offiziellen Foto des Treffens grinsen die beiden Muslimbrüder so breit und stolz wie Honigkuchenpferde. Vielleicht war für einen gewissen Teil der Muslimbrüder an diesem Tag endlich alles erreicht, was es zu erreichen gab.

Die Führungsebene: Gamal – Spitzenpolitiker aus der »1970er-Generation«

Wieder anders ist Gamal, der Spitzenpolitiker aus der Generation der 1970er Jahre. Um einen Termin mit ihm zu erhalten, musste ich lange warten, denn er ist ein viel gefragter Mann. Am Tag der Verabredung muss ich erneut warten, über eine Stunde lang, um schließlich in einem Doppeltermin zusammen mit einem japanischen Journalisten und dessen Übersetzerin abgefertigt zu werden. Mein Arabisch hilft mir diesmal wirklich, habe ich das Gefühl, da Gamal ein wenig von seinen Standardantworten, von denen er selbst schon gelangweilt scheint, abzuweichen beginnt. Wir reden über die Programme der Muslimbrüder und ob sich das Gedankengut seit dem Gründervater al-Banna bis heute nun verändert hat oder nicht, und dann kommen wir zu den Themen, die ihn ganz offensichtlich weit mehr zu interessieren scheinen: Es geht um die Strategien und Probleme der Wahlkampagne für die bevorstehenden Parlamentswahlen vom November und Dezember 2010. Das Gespräch ist sehr kurz, nach knapp 20 Minuten muss Gamal schon zu seinem nächsten Termin. Als ich ihn zum Abschluss noch frage, weshalb er das eigentlich alles mache, weshalb er sich ständig selbst in Gefahr bringe, um als Muslimbruder das Mubarak-Regime herauszufordern, kommt es in höchst empörtem Ton wie aus der Pistole geschossen zurück: »Weil das mein verfassungsmäßiges Recht ist!«

Gamal kämpft seit Jahren auf der alleroberstenpolitischen Ebene für eine Anerkennung der Muslimbrüder als politischer Akteur und hat sich für den politischen Wandel und ein Ende der autoritären Herrschaft Mubaraks eingesetzt. Dabei hat er mit linken und säkularen Kräften kooperiert. Er glaubt an die Notwendigkeit einer Machtrotation durch freie und faire Wahlen und ist ein professioneller Politiker durch und durch. Fragen nach der Scharia und der Religion scheinen auf seiner Tagesordnung nicht gerade ganz oben zu stehen. Gar nicht so schlecht, denke ich mir, das ist echte Arbeitsteilung zwischen ihm und Hussein.

Hassan – Der »einfache« Parlamentarier

Hassan treffe ich in einem der Armenviertel Kairos. Er ist Parlamentarier und hat in seinem Bezirk ein Abgeordnetenbüro eröffnet. Er will mich unbedingt an der Metrohaltestelle von seinem Mitarbeiter abholen lassen, aber ich lehne dankend ab und lasse mir eine Wegbeschreibung geben. Natürlich ist der Weg dann doch komplizierter als angenommen, und ich verlaufe mich. Das ist allerdings gar kein Problem, denn »Hassan der Muslimbruderabgeordnete« ist hier bekannt wie ein bunter Hund. Alle fünf Jugendlichen, die ich anspreche, und ein alter Ladenbesitzer wissen sofort, wo sich sein Büro befindet, und dirigieren mich problemlos an den richtigen Ort – dabei ist das Büro alles andere als nah, ich hatte mich nämlich dramatischer verlaufen, als zunächst gedacht. Hassan ist beruhigt, dass ich endlich da bin. Über Programme und theoretische Fragen zum idealen Staat der Muslimbrüder will er gar nicht erst sprechen. Stattdessen berichtet er mir von den unzähligen Projekten zur Armutsbekämpfung, die er betreibt, und klagt über die fatalen unhygienischen Zustände in diesem Viertel, wo den Menschen noch nicht einmal regelmäßig sauberes Trinkwasser zur Verfügung steht. Er erzählt von zahllosen Initiativen, die er zum Laufen gebracht habe, darunter ein Resozialisierungsprojekt für Jugendliche, die kriminell geworden sind oder Drogenprobleme haben. Aber gegen die schlechten Lebensbedingungen zu kämpfen sei auch ein Kampf gegen Windmühlen, sagt er. Er ärgert sich vor allem, dass das Mubarak-Regime sich völlig aus der Verantwortung stehle und sich in keiner

Form mehr um die arme Bevölkerung schere. »Weißt du, wir Muslimbrüder kämpfen hier gegen ein schwaches Regime, das nicht mal mehr in der Lage ist, sich um die eigene Bevölkerung zu kümmern.« Für Hassan heißt Muslimbruder zu sein also vor allem, der Armut den Kampf anzusagen und dafür die eigenen Ärmel hochzukrempeln. Er beklagt das staatliche Drangsalieren, dem seine Mitstreiter ausgesetzt seien. Gerade erst ist sein Mitarbeiter nach neun Monaten Haft und Folter entlassen worden. Als unser Gespräch offiziell beendet ist, unterhalten wir uns noch kurz über Deutschland, das er ganz gut zu kennen scheint. Schließlich besteht er darauf, dass sein Mitarbeiter mich noch schnell zur Metrostation fährt. Denn mittlerweile ist es draußen schon dunkel geworden, und er will nicht riskieren, dass mir etwas passiert, das Viertel sei gefährlich.

Getroffen habe ich also ganz unterschiedliche Menschen, die auf jeweils so verschiedene Art und Weise für die Muslim-bruderschaft aktiv wurden. Beeindruckend war, wie viele von ihnen bereit sind, ihr eigenes Leben aufs Spiel zu setzen – für das, was sie selbst als eine »bessere Zukunft« empfinden. Viele haben sich dabei auch für die Unterprivilegierten eingesetzt. Nächstenliebe und Barmherzigkeit sind durchaus Werte, die in der Organisation tragen. Aber bis heute hallen mir auch solche Aussagen nach: »Die Muslimbruderschaft ist die ›Stimme des wahren Islam‹«, was suggeriert, dass die Gruppe sich anmaßt, darüber zu entscheiden, was der »falsche Islam« sei. Ich denke an meinen ersten Interviewpartner, den »Internet-Aktivisten« Ahmed, zurück.

Seiner Meinung nach war die Stärke der Muslimbrüder lediglich eine Laune der Geschichte. Viele strukturelle Faktoren, die nichts mit der Gruppe selbst zu tun haben, hätten die Organisation erst so stark werden lassen, wie beispielsweise die Tatsache, dass Mubarak alle anderen Oppositionen jahrzehntelang strukturell geschwächt hatte. Ahmed vertrat auch die Meinung, der Islamismus in Ägypten würde sich langfristig gesehen pluralisieren und in viele kleinere islamistische Parteien oder Gruppen aufteilen. Somit würden sich dann letztlich auch solche Fundamentalpositionen wie die von der Existenz eines »wahren« und »falschen« Islam langsam auflösen. Aber ich frage mich, ob das nicht erst dann passieren kann, wenn sich die breitere politische Landschaft im Land und das politische System an sich bereits pluralisiert haben werden. Wie es aussieht, kann das noch lange dauern.

5. Muslimbrüder an der Macht

Die Muslimbruderschaft hatte zwar schon seit den 1980er Jahren damit begonnen, politische Programmschriften zu verfassen, nach dem Sturz Mubaraks aber sollte sie dann weniger an ihren Programmen als vielmehr an ihrem politischen Handeln gemessen werden. Dass die Gruppe diesen Test beim ägyptischen Volk nicht bestehen konnte, wurde innerhalb von nur anderthalb Jahren deutlich. Mitte 2013 sollte der politische Höhenflug der Muslimbrüder bereits jäh beendet sein.

Am 25. Januar begannen die Massenproteste, die Mubarak nach 30-jähriger Herrschaft binnen nur 18 Tagen zu Fall bringen sollten. Organisiert waren diese von Jugendgruppen. Die prominentesten unter ihnen waren die Facebook-Gruppe »Wir sind alle Khaled Said«, die Gruppe »6. April« sowie die Jugend der Demokratischen Front-Partei, der linken Freiheits- und Gerechtigkeitsbewegung, der nationalen Kampagne zur Unterstützung al-Baradeis und der Muslimbruderschaft. Die Muslimbruder-Jugend koordinierte sich vor allem mit der Gruppe »Wir sind alle Khaled Said«; einer ihrer Administratoren war selbst ein junger Muslimbruder. Außerdem waren junge Muslimbrüder in der Gruppe »6. April« und in der Kampagne zur Unterstützung al-Baradeis aktiv.

Die Proteste des 25. Januar hatten ursprünglich nicht den unmittelbaren Sturz Mubaraks zum Ziel. Einen solchen Erfolg hatte man sich zunächst nicht zugetraut. Stattdessen plante die Jugendbewegung mehrere Protestaktionen, die sich über das Jahr 2011 verteilten und schließlich eskalieren sollten. Ziel war es, zu verhindern, dass Hosni Mubarak oder sein Sohn Gamal Mubarak bei den nächsten Präsidentschaftswahlen im Jahr 2011 kandidieren würden. Die erste Protestaktion sollte am 25. Januar stattfinden und nahm den jährlichen »Tag der Polizei« zum Anlass, der zu Ehren der Polizei und ihres Dienstes an der Nation stattfand. Dies war insbesondere deshalb zynisch, da willkürliche Polizeigewalt und ausufernde Folter immer weitere Teile der Bevölkerung trafen. Diese Gewalt hatte in den letzten Jahren eine immer stärkere Opposition gegen das Regime geschürt und auch zuvor unpolitische Teile der Gesellschaft zunehmend politisiert. Das Ausmaß hiervon wurde am 25. Januar deutlich. Die schieren Massen, die bei den Protesten auf die Straße gingen, um gegen das Regime, seine Gewaltexzesse und Korruption zu demonstrieren, und demokratische Reformen forderten, übertrafen die Hoffnungen der Protestorganisatoren selbst.

Die Muslimbrüder und die Revolution des 25. Januar

Die Muslimbruderschaft hatte es zunächst abgelehnt, an den angekündigten Protesten des 25. Januar teilzunehmen. Die Jugendlichen der Gruppe stellten sich aber gegen den Beschluss und nahmen an den Demonstrationen teil. Und da sie nicht als Vertreter der Organisation auftreten durften, erschienen sie als Privatpersonen. Neben der Muslimbruderschaft boykottierten auch andere Akteure, wie die linke Tagammu-Partei oder die Nasseristische Partei, die Demonstrationen.

Die Zurückhaltung der Muslimbruderschaft war durchaus kein Novum. Lange Zeit schon folgte sie der Strategie, das Regime zwar zu provozieren, aber dennoch nicht zu weit zu gehen, denn ein Unterdrückungsschlag der Regierung hätte die Gruppe ähnlich wie in den 1950er und 1960er Jahren zerschlagen können. Und so schwankte die Muslimbruderschaft seit Beginn der Protestbewegung in Mubaraks letzter Dekade als Präsident: An manchen Demonstrationen nahm sie teil, an anderen wiederum nicht. Der Bogen durfte nicht überspannt werden.

Im Januar 2011, als der Erfolg der Protestbewegung in greifbare Nähe rückte, sah die Muslimbruderschaft jedoch ihre Zeit gekommen. Am 28. Januar, dem angekündigten »Freitag der Wut«, wurde die Gruppe Teil der größten organisierten Opposition des Landes und spielte bald auch insofern eine wichtige Rolle, als es ihre Anhänger waren, die – gemeinsam mit der Fanjugend des berühmten Kairener Fussballclubs al-Ahly – die Demonstranten auf dem Tahrir-Platz vor der

Gewalt des Staates schützten. Beispielhaft war ihr Einsatz in der berüchtigten »Kamelschlacht« vom 2. Februar.

Der Zusammenhalt des Volksaufstandes, der ganze 18 Tage andauerte und in Mubaraks Rücktritt mündete, wurde insbesondere dadurch gestärkt, dass die unterschiedlichen politischen Gruppierungen auf ideologische Slogans verzichteten. Wie in den Jahren zuvor zeigte sich die Protestbewegung geschlossen und um folgenden Minimalkonsens vereint: Demokratische Reformen und Wahlen sollten eine erneute Präsidentschaft Mubaraks oder seines Sohnes verhindern und mit der ausufernden Korruption des Regimes und den sozialen Ungleichheiten, die diese mit sich brachte, aufräumen.

Auch die Muslimbruderschaft verzichtete auf islamistische Parolen. Dies hatte zweierlei Vorteile: Zum einen konnte das Mubarak-Regime die Proteste nicht als islamistischen Aufstand abtun, was die breite Unterstützung im Volk hätte gefährden können. Zum anderen richtete sich die Taktik der Muslimbrüder auch an ein westliches Publikum. Islamistische Demonstrationen hätten weniger Sympathien im Ausland gewonnen. Die Rechnung ging auf: Die Proteste ebbten nicht ab, und der internationale Druck auf das Mubarak-Regime nahm zu.

Aber nur, weil beide Faktoren auf einen Split in der Regierungskoalition stießen, konnte die Revolution des 25. Januar tatsächlich dazu führen, dass Mubarak zurücktrat. Seit der Gründung der ägyptischen Republik nach dem Putsch von 1952 verstand sich das Militär als Rückgrat des Staates und sicherte sich in den folgenden Jahrzehnten politische wie wirtschaftliche Privilegien. Als Mubarak ab 2002 damit begann, seinen Sohn Gamal sukzessive zu seinem Nachfolger aufzubauen, stieß dies auch auf den Widerwillen des Militärs, das sich dadurch zunehmend in seinen Vorrechten beschnitten sah. Anders als alle ägyptischen Präsidenten, kam Gamal nicht aus dem Militär. Außerdem zog er bereits jetzt ein neues Machtzentrum um sich heran, eine loyale Elite von Magnaten der Privatwirtschaft, darunter der Stahlindustrielle Ahmed Ezz. Diese Elite trat zunehmend in Konkurrenz zum Wirtschaftsimperium des Militärs, das sich dies in den letzten 60 Jahren aufgebaut hatte und das sich jeglicher ziviler Kontrolle entzog. Mit der Kabinettsumbildung von 2004 wurden einige der Gefolgsleute Gamals sogar in die Regierung integriert. Die prominentesten waren hier Youssef Boutros Ghali als Finanzminister, Rashid Muhammad Rashid als Industrieminister und Ahmad Guweili als Investitionsminister.

Als im Jahr 2011 die Massenproteste ausbrachen, nutzte das Militär die Gunst der Stunde und entledigte sich der ungeliebten Konkurrenz. Nach 30 Jahren Herrschaft ließ das Militär Hosni Mubarak – und damit auch seinen Sohn samt dessen Entourage – fallen. Der Hohe Militärrat übernahm die Führung des Landes und verkündete, einen demokratischen Übergangsprozess einzuleiten und die Macht binnen sechs Monaten an eine zivile Regierung abzugeben.

Nach Mubarak: Erste Spannungen

Nachdem das gemeinsame Ziel der Protestbewegung erreicht war, traten die ersten Spannungen innerhalb dieser Bewegung auf, vor allem zwischen der Muslimbruderschaft und nicht-islamistischen Kräften.

Auf dem Tahrir-Platz gehörten nun die größten der Bühnen den Muslimbrüdern. Neben ihnen verblassten alle anderen Gruppierungen, selbst die der Jugend, die die Proteste vom 25. Januar auf die Beine gestellt hatten. Ein einschlägiger Moment ereignete sich neun Tage nach dem Präsidentensturz, am 20. Februar, als der in Katar ansässige ägyptische Islamist Yusuf al-Qaradawi – flankiert von prominenten Muslimbrüdern – auf dem Tahrir-Platz einzog und, während er die Massengebete leitete, den Platz regelrecht in Beschlag nahm. 30 Jahre lang war es ihm verboten gewesen, Freitagsgebete in Ägypten zu leiten, denn schon 1981 hatte er zu den charismatischen Islamisten des Landes gehört. Heute ist – der Muslimbruderschaft nahestehende – al-Qaradawi jedoch noch mehr als das: Er gilt als internationale Leitfigur für den Islamismus als transnationale Bewegung.

Al-Qaradawis triumphierender Einzug auf dem Tahrir-Platz säte bei einigen Ägyptern Misstrauen. Manche verglichen das Ereignis sogar mit der Ankunft Khomeinis im Iran, als dieser nach 14-jährigem Exil in sein Land zurückkehrte. Damals begann die Bewegung um ihn – die zunächst noch offen dafür gewesen war, mit nicht-islamistischen Kräften zu kooperieren – damit, die iranische Revolution für sich zu usurpieren, und errichtete schließlich die Islamische Republik Iran. Nun kamen langsam die Befürchtungen auf, Ägypten könnte ein ähnliches Schicksal ereilen. Und nur kurze Zeit darauf, im März 2011, erhielten diese Sorgen weiteren Vorschub.

Islamistischer Wahlerfolg I: Verfassungsreferendum

Im März 2011 fand ein Referendum über Verfassungsänderungen statt, die die Reihenfolge des politischen Übergangs regeln sollten. Die Änderungen waren umstritten, da sie vorsahen, zuerst Parlamentswahlen abzuhalten und dann eine neue Verfassung auszuarbeiten. Das Militär – unter dessen Ägide die Verfassungsänderungen ausgearbeitet worden waren – sprach sich dafür aus. Ebenso die Muslimbruderschaft, die hoffte, von frühen Wahlen zu profitieren und aus ihnen als stärkste Kraft im neuen Parlament hervorzugehen. Auf diese Weise würde sie auch erheblichen Einfluss auf die neue Verfassung ausüben können.

Linke und liberale Kräfte lehnten jedoch die im Referendum vorgelegten Verfassungsänderungen ab. Sie wollten, dass zuerst eine neue Verfassung ausgearbeitet würde und Parlamentswahlen zu einem späteren Zeitpunkt stattfänden. In dieser Reihenfolge hätten sie mehr Zeit gewonnen, um eigene Organisationsstrukturen aufzubauen. Denn Strukturen fehlten sowohl den traditionellen Oppositionsparteien in Ägypten, die durch Mubaraks restriktive Gesetzgebung stark behindert worden waren, als auch den vielen neuen Parteien und Gruppen, die sich zu bilden begannen. Nur auf diesem

Wege hätte man der Muslimbruderschaft – mit ihrem hohen Organisationsgrad und ihrer ausgedehnten Graswurzelanhängerschaft – an den Wahlurnen etwas entgegensetzen können.

Aber bereits das Verfassungsreferendum sollte die Ohnmacht linker und liberaler Kräfte im Vergleich zur Muslimbruderschaft deutlich zutage treten lassen: 77 Prozent der Wähler nahmen die Verfassungsänderungen an, und die Wahlbeteiligung hatte mit 41 Prozent den höchsten Wert in der bisherigen ägyptischen Geschichte erreicht.

Das Verfassungsreferendum legte auch einen zweiten Tatbestand offen, der die Beziehungen zwischen Muslimbrüdern, Linken und Liberalen zu belasten begann. Die Muslimbruderschaft hatte einen Richtungswechsel eingeschlagen. Während sie in den vergangenen zehn Jahren zunehmend mit nicht-islamistischen Kräften kooperiert hatte, begann sie nun gemeinsam mit anderen islamistischen Kräften zu mobilisieren: den ultrakonservativen Salafisten. Unter Mubarak waren diese noch unpolitisch gewesen, weshalb sie das Regime auch seit 2000 weitgehend unterstützte – um sie als Gegengewicht zur politischen Variante des Islamismus, der Muslimbruderschaft, aufzubauen. Daraufhin war die salafistische Bewegung massiv gewachsen. Zahlenmäßig schien sie nun sogar die Anhängerschaft der Muslimbruderschaft zu übertreffen. Nach Mubaraks Sturz politisierte sich ein großer Teil der salafistischen Bewegung und gründete eigene politische Parteien. Die prominenteste unter ihnen sollte die al-Nur-Partei werden. Die Muslimbruderschaft hatte nun mit den Salafisten einen von den Unterstützerzahlen her ebenbürtigen Partner und mobilisierte gemeinsam mit ihnen für die Annahme der Verfassungsänderungen. Das Ergebnis des Referendums gab ihrer Taktik recht.

Islamistischer Wahlerfolg II: Die Parlamentswahlen

Ein solcher Wahlerfolg islamistischer Kräfte wiederholte sich bei der Parlamentswahl Ende 2011, Anfang 2012. Allerdings hatten Muslimbrüder und Salafisten hier nicht gemeinsam mobilisiert, sondern waren als Konkurrenten um die gleiche Wählerschaft in zwei verschiedenen Wahlbündnissen angetreten. In der ersten freien und fairen Wahl des Parlaments gewannen die Muslimbrüder fast 47 Prozent der Sitze und die Salafisten 24 Prozent. Damit war das neue Parlament von Islamisten dominiert. Die Wahlbeteiligung lag bei spektakulären 62 Prozent.

Dieses Ergebnis belegte noch einmal die Impotenz liberaler und linker Kräfte an den Wahlurnen und sorgte bei manchen für Befürchtungen, dass sich die islamistischen Kräfte vereinen könnten, um gemeinsam einen islamischen Staat nach dem Modell Irans oder Afghanistans zu errichten. Wer die Muslimbrüder für nicht rigide genug hielt, um etwa eine Religionspolizei, ähnlich wie in Saudi-Arabien oder dem Iran, zu schaffen – und das waren durchaus nicht wenige –, der wusste jedoch, dass solche Maßnahmen zu den Zielen der Salafisten gehörten.

Die Muslimbruderschaft aber war darauf bedacht gewesen, solche Befürchtungen abzuwehren. Die Gruppe hatte sich nicht dem Wahlbündnis »Islamistische Allianz« angeschlossen, in dem die neu gegründeten salafistischen Parteien und die Partei der ehemals gewaltbereiten islamistischen Gruppe Gama'a Islamiyya zusammengeschlossen waren. Stattdessen hatte sich die Muslimbruderschaft – gemäß ihrer Handlungsstrategie der letzten zehn Jahre der Herrschaft Mubaraks – mit liberalen und linken Kräften, wie den Parteien al-Ghad oder Karama, zusammengetan und ein Wahlbündnis gegründet, das sich »Demokratische Allianz« nannte. Die Muslimbruderschaft wollte sich also als Kraft der gesellschaftlichen Mitte präsentieren. Sie wollte als legitimer Träger der Revolution des 25. Januar gelten und nicht als Agent einer verkappten »Islamischen Revolution«.

Trotz der aufkeimenden Spannungen war das Verhältnis zwischen Muslimbrüdern und Nicht-Islamisten noch nicht zerrüttet. Zum Zeitpunkt der Parlamentswahlen richtete sich die größte Aufmerksamkeit der politischen Kräfte auf den Hohen Militärrat, der zunehmend mit Mitteln, die an das Mubarak-Regime erinnerten, regierte. Seit dem Sturz des Präsidenten waren über 12 000 Zivilisten vor Militärgerichte gestellt worden, vornehmlich hatte es junge Aktivisten getroffen. Außerdem übte das Militär – gemeinsam mit der Polizei – zunehmend massive Gewalt gegen Demonstranten aus und griff zu Folter. Auch die Machtübergabe an ein ziviles Staatsoberhaupt schien sich weit über die angekündigten sechs Monate hinauszuziehen und schürte Zweifel an den wahren Intentionen des Militärs. Im Fokus der meisten politischen Kräfte stand es somit, die Machtübergabe voranzutreiben.

Als aber am 1. Juli 2012 tatsächlich das Militär die Macht an einen Präsidenten aus den Reihen der Muslimbruderschaft abgab, sollten die Spannungen zwischen den Muslimbrüdern einerseits und den Linken und Liberalen andererseits binnen eines Jahres derart eskalieren, dass sie nicht nur im Sturz des Muslimbrüder-Präsidenten mündeten, sondern auch in der größten Unterdrückungswelle, die die Gruppe seit einem halben Jahrhundert erlebt hatte.

Islamistischer Wahlerfolg III:
Die Präsidentschaftswahl

Am 23. und 24. Mai 2012 fand die erste Runde der Präsidentschaftswahlen statt. Es sollte ein knapper Wahlsieg für die Muslimbruderschaft werden, die Muhammad Mursi als Kandidaten aufgestellt hatte.

Aus dem Wahlergebnis ging hervor, dass nun drei politische Lager eine ähnlich große Zustimmung in der Bevölkerung fanden: ein islamistisches Lager, in dem die Muslimbruderschaft die am besten organisierte Kraft darstellte; ein Lager der Kräfte des alten Mubarak-Systems, das immer noch über zentrale wirtschaftliche Ressourcen und über einen gewissen Organisationsgrad verfügte – denn so schnell hatten sich die gewachsenen Patronage-Strukturen in staatlichen Institutionen und der nun aufgelösten ehemaligen Regierungspartei nicht zerschlagen lassen. Ein drittes Lager umfasste all jene, die für ein »neues Ägypten« und gegen eine islamistische Zukunft stimmten. Dieses Lager litt noch immer unter einem schlechten Organisationsgrad; es war in zahlreiche Gruppierungen zersplittert und dadurch bei den Parlamentswahlen massiv geschwächt. Bei den Präsidentschaftswahlen aber wurde diese Zersplitterung nun durch die vergleichsweise geringe Anzahl an Kandidaten aus dem dritten Lager kompensiert, und das Camp der nicht-islamistischen Revolutionäre konnte nun zur Überraschung vieler mit den Islamisten und den Kräften des »alten Systems« fast mithalten. In der ersten Wahlrunde lagen folgende Kandidaten unangefochten an der Spitze: Der Islamist Muhammad Mursi gewann 25,3 Prozent der Stimmen. Ahmad Shafiq, der letzte Premierminister unter Mubarak, der den Legitimationsdiskurs des alten Systems explizit weiter verfolgen wollte, erzielte 23,74 Prozent der Stimmen. Der Nasserist und Gründer der Karama-Partei, Hamdeen Sabbahi, der als glaubwürdiger Kandidat im Sinne der Revolution galt und kein Islamist war, schloss beinahe zu beiden auf und erlangte 21,6 Prozent der Stimmen.

In der darauffolgenden Stichwahl zwischen Mursi und Shafiq vom 16. und 17. Juni konnte Mursi das Rennen nur knapp für sich entscheiden. Der Vertreter des alten Systems erzielte 48 Prozent der Stimmen, der Islamist 51,7 Prozent. Trotz des knappen Ergebnisses hatte die Muslimbruderschaft es nun geschafft, einen weiteren Wahlerfolg zu verbuchen. Am 1. Juli wurde Muhammad Mursi als neuer Präsident vereidigt. Zum ersten Mal in der Geschichte kam ein ägyptisches

Staatsoberhaupt aus den Reihen der Muslimbruderschaft, einer Gruppe, die jahrzehntelang die Rolle eines Underdogs innegehabt hatte und über 60 Jahre hinweg immer wieder Verfolgungswellen ausgesetzt gewesen war.

Wieso Mursi als Muslimbrüder-Kandidat?

Mit Mursi hatte sich die Gruppe jedoch nicht für eine ihrer herausragenden Persönlichkeiten entschieden. Ursprünglich war Mursi lediglich der Ersatzkandidat für Khairat al-Shater gewesen, das wirtschaftliche Schwergewicht der Organisation und einer ihrer charismatischsten Führer. Im Gegensatz zu ihm war Mursi außerhalb der Muslimbruderschaft wenig bekannt. Fakt ist jedoch, dass er schon in den vorangegangenen Jahren zu einer gewichtigen Person innerhalb der Gruppe avanciert war. Von 2000 bis 2005 war er Abgeordneter für die Muslimbruderschaft im Parlament. Danach begann sein rasanter Aufstieg innerhalb der Gruppe, auch wenn er dann vor allem hinter den Kulissen agierte und wenig öffentlich auftrat. Seit 2005 leitete er die politische Abteilung der Gruppe, ab 2007 war er der Kontaktmann der Muslimbrüder für die Staatssicherheit. Schon 2007 war er gemeinsam mit Essam al-Erian federführend bei der bis dahin umfangreichsten Programmschrift der Gruppe, einem Entwurf für ein Parteiprogramm. Ebenfalls wurde er Mitglied im Führungsbüro – der Exekutive – der Muslimbruderschaft, und sobald die Muslimbrüder erstmals ihre eigene Partei, die

Freiheits- und Gerechtigkeitspartei, gründen konnten, übernahm Mursi den Vorsitz.

Mursi war also in den Jahren zuvor durchaus ein wichtiger politischer Akteur innerhalb der Gruppe gewesen. Dennoch waren viele Beobachter von seiner Aufstellung zur Wahl überrascht. Denn ihm fehlte etwas, das andere Führungspersönlichkeiten der Gruppe, wie Essam al-Erian oder Muhammad al-Baltagui, durchaus aufwiesen: Charisma, Talent zur Rede und eine gewisse Popularität in der breiteren Bevölkerung. Die für manche Beobachter unerwartete Nominierung Mursis zur Präsidentschaftswahl spiegelte vor allem bedeutende interne Entwicklungen der Muslimbruderschaft wider: Seit den Wahlen des Führungsbüros und des Oberhauptes der Muslimbruderschaft 2010 hatte die Riege der Qutbisten und Geheimapparatler einen erheblichen Machtzugewinn verbuchen können – auf Kosten der Generation der 1970er, der auch al-Erian angehörte. Mursi stand als Vertrauter von Personen wie Mahmoud Ezzat und Mahmoud Ghozlan – beide ebenfalls Mitglieder des Führungsbüros – oder auch Muhammad al-Badie – Oberster Führer der Muslimbrüder – für dieses erstarkte Lager, das sich anders als die Generation der 1970er nicht durch Offenheit gegenüber anderen gesellschaftlichen Kräften ausgezeichnet hatte, sondern sich eher von der breiteren Gesellschaft abkehrte, sich auf das Innenleben der Gruppe konzentrierte und hierbei strikte Hierarchien betonte sowie einen hohen Grad an Konservativismus aufwies.

Gerade aber die Fähigkeit zur breiten sozialen Kommunikation, zum sozialen Ausgleich und politischen Kompromiss hätte Mursi für sein Amt gebraucht. Denn er sah sich – vor allem aufgrund der wackeligen Mehrheit, die ihn ins Amt gebracht hatte – der Herausforderung gegenüber, alle drei Lager, die sich in der Wahl abgezeichnet hatten, mit seiner Politik ansprechen zu müssen, wenn er als Präsident aller Ägypter und nicht nur als parteiischer Präsident für die Muslimbruderschaft gelten wollte. Dies sollte ihm in seiner einjährigen Regierungszeit jedoch nicht gelingen.

Ein schneller Fall

Stattdessen brachte Mursi die anderen politischen Kräfte binnen nur eines Jahres derart gegen sich auf, dass sie sich gegen ihn verbündeten. Neben Mursis fehlenden Kompetenzen, für politischen und sozialen Ausgleich zu sorgen – die ein Politikversagen seinerseits begünstigten –, hatte sein Scheitern aber auch weniger selbst verschuldete Gründe. Von Anfang an hatte die Muslimbruderschaft mächtige Gegenspieler im Staat gehabt, die sich der Zusammenarbeit mit dem neuen Präsidenten verwehrten. Dazu kamen schließlich die wachsenden wirtschaftlichen Probleme des Landes, die auch die Muslimbruderschaft nicht löste und damit viele Ägypter frustrierte.

Das Politikversagen Mursis und der Muslimbrüder

Nach dem Amtsantritt Mursis isolierte sich die Muslimbruderschaft sehr bald fast vollständig von den Linken und Liberalen, sodass sich diese schließlich zu anderen Partnern hin orientierten, um ihre Interessen durchzusetzen, allen voran zum Militär. Im linken und liberalen Lager hatte es auch zuvor schon Kräfte gegeben, die die Muslimbruderschaft grundsätzlich ablehnten und ihr mitunter auch das Recht auf eine politische Existenz absprachen. Eine solch grundsätzliche Ablehnung hatte meist ideologische Gründe, denn man sah sich in fundamentaler Opposition zur islamistischen Natur der Gruppe und fürchtete eine zunehmende Islamisierung des Landes. Dies traf aber nur auf einen kleinen Teil der ägyptischen Gesellschaft zu und umfasste vor allem die verwestlichte Oberschicht. Andere Kräfte aus dem linken und liberalen Lager hingegen hatten in der letzten Dekade der Herrschaft Mubaraks zunehmend mit der Muslimbruderschaft kooperiert. Sie sahen in der Gruppe in erster Linie eine pragmatische politische Kraft und weniger eine »islamistische Bedrohung«. Und sie erkannten sie als einen legitimen politischen Akteur an. Aber genau mit diesen verscherzte es sich die Muslimbruderschaft jetzt. Denn sie wechselte ihren Kurs. Nach ihren drei Wahlerfolgen hielt es die Muslimbruderschaft nicht mehr für nötig, mit diesen Akteuren zu kooperieren.

Deutlich wurde dies erstmals bei der Bildung des neuen Kabinetts. Von 35 Ministern waren zwar nur fünf Muslimbrüder (die Minister für Medien, Bildung, Jugend, Arbeitskraft und Einwanderung sowie Wohnungsbau und Entwicklung) neben den Technokraten und Ministern aus dem Vorgängerkabinett, jedoch wurden nicht wie erhofft führende Persönlichkeiten der linken und liberalen Opposition in die Regierung integriert. Dabei hätte sich dies angeboten, nicht nur aufgrund von Mursis äußerst knappem Präsidentschaftswahlsieg. Vielmehr befand sich Ägypten nicht in einer gefestigten Demokratie, sondern inmitten eines politischen Übergangsprozesses, der von einer breiten Koalition hätte profitieren können. Jene Linken und Liberalen, die eine solche eingefordert hatten, blieben von der Muslimbruderschaft ungehört.

Die Spannungen zwischen Muslimbrüdern und ihren ehemaligen Partnern eskalierten schließlich im Prozess der Verfassungsgebung. Die Muslimbruderschaft hatte ihr Gewicht im Parlament dazu eingesetzt, um eine Versammlung zu bilden, in der hauptsächlich Muslimbrüder und Salafisten vertreten waren. Nicht-Islamisten sahen sich unterrepräsentiert und in den Diskussionen über die neue Verfassung durch das dominante Verhalten der Muslimbrüder an den Rand gedrängt. Aus Protest verließen viele von ihnen die Versammlung. Derweil gestaltete die Muslimbruderschaft eine Verfassung nach ihren gesellschaftspolitischen Vorstellungen. Diese fand auch die Zustimmung eines Großteils der Salafisten, die in der neuen Verfassung ihr eigenes Ziel, die fortwährende Islamisierung der ägyptischen Gesellschaft, prinzipiell gewahrt sahen, auch wenn es durchaus Unterschiede im Islamverständnis zwischen Salafisten und Muslimbrüdern gibt.

Im nicht-islamistischen Spektrum wuchs jedoch die Opposition gegen das kompromisslose Vorgehen der Muslimbrüder. Im Vorfeld des Verfassungsreferendums kam es zu massiven Demonstrationen, auf die die Muslimbruderschaft nur mehr mit Gewalt reagierte. An ihrem Plan hielt die Gruppe eisern fest. Am 15. und 22. Dezember fand das Referendum in zwei Wahlrunden statt. Durch die Unterstützung im breiten islamistischen Spektrum wurde die neue Verfassung mit 63,8 Prozent angenommen. Die Wahlbeteiligung lag allerdings nur bei 32,9 Prozent.

Mursi und die Muslimbruderschaft galten vielen nicht-islamistischen Oppositionellen fortan als die neuen Diktatoren, die nicht im Sinne des gesamten Volkes handelten, sondern allein im eigenen Interesse – oder des breiteren islamistischen Spektrums an sich. Zementiert wurde diese Auffassung vor allem durch zwei Dekrete, die Mursi am 22. November – kurz vor dem Verfassungsreferendum – erlassen hatte. Darin legte er fest, dass von nun an die Justiz die Umsetzung seiner Dekrete nicht verhindern dürfe, und stellte sich so über die Justiz. Außerdem bestimmte er, dass die Justiz die Verfassungsgebende Versammlung nicht auflösen könne. Auf diese Weise wollte er die Verfassung und das Referendum ungehindert zum Abschluss bringen. Mit der vehementen nationalen und internationalen Kritik gegen die Dekrete hatte die Muslimbruderschaft nicht gerechnet, ebenso wenig mit der Tatsache, dass sich die Gruppe mittlerweile politisch beinahe völlig isoliert hatte.

Linke und liberale Kräfte wandten sich von den Muslimbrüdern ab und erhofften sich in Militär und Justiz neue

Partner für ihre Interessen. Beide Institutionen waren zwar bisher als Verfechter der »alten Ordnung« aufgetreten, schienen aber die Einzigen zu sein, die noch in der Lage waren, den Muslimbrüdern Paroli zu bieten.

Das ungeschickte politische Verhalten der Muslimbruderschaft – das ja in starkem Kontrast zum politischen Geschick der Gruppe unter Mubarak steht – wird aus deren Perspektive nachvollziehbar: Die Gruppe verstand sich jetzt als vom ägyptischen Volk zur Regierung beauftragt. Sie wollte ihren durch Wahlen rechtmäßig erworbenen Sieg nicht teilen und war der Meinung, dass die Linken und Liberalen ihre Niederlage an der Wahlurne zu akzeptieren hätten. Dies seien schließlich die Regeln der Demokratie. Dabei verkalkulierte sich die Gruppe jedoch. Zum einen überschätzte sie deutlich ihren Rückhalt in der Bevölkerung. Zum anderen verkannte die Muslimbruderschaft die Tatsache, dass sich Ägypten in einem politischen Übergangsprozess befand, der per se vermehrte Skepsis und Konkurrenz zwischen den politischen Gruppen mit sich brachte und der deshalb von der Kompromissbereitschaft der Muslimbrüder profitiert hätte. Zu einem gewissen Grad sah sich die Gruppe aber auch dazu gedrängt, selbstbewusst und ohne »die Hilfe« anderer zu regieren. Auch aus diesem Grund lehnte man es ab, prominente Linke und Liberale ins neue Kabinett einzubinden. Schon unter Mubarak hatten zahlreiche Kritiker der Gruppe immer wieder vorgeworfen, sie würde nur in der Opposition funktionieren und nicht in der Lage dazu sein, selbst Regierungsverantwortung zu übernehmen.

Dass die Muslimbruderschaft sich immer weiter ins politische Abseits rückte, wurde insbesondere durch den Bruch mit den nicht-islamistischen Teilen der Jugendbewegung befeuert. Nach der Präsidentschaftswahl hatte man keine nennenswerten Maßnahmen eingeleitet, um die »Tahrir-Jugend« in den formalen politischen Prozess einzubinden. Dies war nicht nur der Muslimbruderschaft zuzuschreiben, sondern auch den linken und liberalen Parteien. Schlüsselpositionen blieben in der Hand der alten Generationen, woraufhin sich die Jugend zunehmend vom formalen politischen Prozess abwandte. Sie wollte den politischen Übergang hin zu einem demokratischen und gerechten System durch die Politik der Straße gestalten. Ihrer Meinung nach hatte die Muslimbruderschaft längst einen Deal mit dem »Establishment«, oder genauer: mit dem Militär, geschlossen und sich damit gegen die Ziele der Revolution gewandt. Denn diese Ziele umfassten nicht nur das Ende der Präsidentschaft Mubaraks, sondern auch des gesamten Systems, das hinter Mubarak stand. Vor allem wollte die Jugend die politische und wirtschaftliche Vormachtstellung des Militärs beenden.

Den Muslimbrüdern warfen die jungen Revolutionäre nun vor, sie hätten ein geheimes Abkommen mit dem Militär geschlossen: Sie würden all die Vergehen und die Gewalt an den Demonstranten, die in der anderthalbjährigen Regierungszeit des Militärrats verübt worden waren, ungesühnt lassen. Darüber hinaus hätten die Muslimbrüder zugesagt, die politischen und wirtschaftlichen Vorrechte des Militärs unangetastet zu lassen, wenn das Militär im Gegenzug dafür die Gruppe als neuen Machthaber akzeptierte.

Mursi hatte in der Tat davon abgesehen, die Gewalt des

Militärs gegen Demonstranten und Aktivisten strafrechtlich verfolgen zu lassen. Stattdessen ehrte er den Vorsitzenden des Hohen Militärrats, Hussein Tantawi, und dessen Stellvertreter Sami Anan mit hohen Orden und lobte die Rolle, die das Militär in den elf Tagen der Revolution des 25. Januar gespielt habe. Denn hier habe es keine Gewalt angewendet und sich auf die Seite des ägyptischen Volkes gestellt. Die Gewalt, die das Militär in den anderthalb Jahren seiner Regierungszeit begangen habe, sei als »Fehler« zu verbuchen, und dem solle man mit Toleranz und Nachsicht begegnen. In diesem Sinne wurde auch der Aufklärungsbericht einer unabhängigen Kommission, der die Gewalt an Demonstranten aufarbeiten sollte, von Mursi der Öffentlichkeit vorenthalten. Zudem gestand die neue Verfassung, die unter der Ägide der Muslimbruderschaft entstanden war, dem Militär das Recht zu, Zivilisten vor Militärgerichte zu stellen, und sie etablierte kein ziviles Aufsichtsrecht über das Budget des Militärs. Das Verhältnis zwischen Muslimbrüdern und revolutionärer Jugend zerbrach schließlich endgültig, als die Muslimbrüder gewaltsam gegen Demonstranten der revolutionären Jugend vorgingen – vor allem im November und Dezember 2012, im Rahmen von Protesten gegen Mursis Dekrete und das Verfassungsreferendum.

Das Fazit der Jugendbewegung war eindeutig: Mit ihrer Machtgier hatten die Muslimbrüder die Revolution verraten und sich stattdessen mit dem Militär verbündet. Sicherlich war die Muslimbruderschaft de facto sehr darauf bedacht, ihre eigene Macht zu konsolidieren und auszubauen. Dennoch greift die Schlussfolgerung, die Gruppe habe sich dem

Militär zu diesem Zweck sang- und klanglos untergeordnet, zu kurz. Stattdessen fuhr sie einen Schlingerkurs: Einerseits machte die Gruppe dem Militär die genannten Zugeständnisse. Andererseits aber unternahm sie auch konfrontative Schritte. Nur wenige Wochen nach seinem Amtsantritt, im August 2012, entmachtete Mursi die Spitze des Militärrats, als er Hussein Tantawi, Verteidigungsminister und Vorsitzender des Rats, sowie dessen Vize Sami Anan in den Ruhestand beförderte. Zeitgleich setzte er Verfassungszusätze außer Kraft, die der Militärrat, kurz bevor Mursi zum neuen Präsidenten ernannt worden war, erlassen hatte. Diese hatten die Vormacht des Militärrats gegenüber dem Präsidenten absichern sollen: Sie hatten dem Militärrat beispielsweise volle legislative Kompetenzen zugesprochen, bis ein neues Parlament gewählt sei. Als Mursi sich nun seine Kompetenzen vom Militär zurückerstritt, war dies durchaus ein provokanter Schritt.

Die uneindeutige Politik der Muslimbrüder gegenüber dem Militär, die zwischen Konfrontation und Versöhnungsangeboten schwankte, rührte auch daher, dass die Muslimbruderschaft sich – ganz anders als die Tahrir-Jugend – seit ihrer Gründung nicht als revolutionäre, sondern als evolutionäre Kraft verstand. Sie wollte grundlegende Veränderungen des gesellschaftlichen und politischen Systems nachhaltig und deshalb grundsätzlich vorsichtig und schrittweise erzielen und prinzipiell »von unten«, das heißt durch die sukzessive Veränderung der Individuen und nicht durch einen radikalen Bruch mit dem Status quo »von oben«. Während dieses evolutionäre Verständnis von Wandel die Muslimbruderschaft immer weiter von den jungen Revolutionären entfernte, verhinderte ihre Vorsicht gegenüber dem Militär ironischerweise jedoch keineswegs, dass sich hinter den Kulissen das Militär und zentrale Teile des Staates gegen sie stemmten.

Mächtige Gegenspieler

Medien und Kritiker zeichneten von Mursi oft das Bild eines starken Präsidenten, der seine Machtbefugnisse immer weiter ausdehne. De facto aber war der Islamist ein schwacher Präsident, insofern es ihm kaum gelang, Kontrolle über einige zentrale Institutionen des Staates zu erlangen, allen voran über das Militär, die Polizei und die Justiz.

Die Polizeidienste waren das repressive Rückgrat des Mubarak-Regimes gewesen. Er hatte diese vor allem in den 1990er Jahren im Kampf gegen den islamistischen Terror massiv ausgedehnt. Die Korruption in den Diensten florierte und ermöglichte zahlreichen hohen Offizieren, ein erhebliches Vermögen anzuhäufen. Bis heute sind die Polizeidienste dem »alten System« treu und wünschen sich die Rückkehr Ägyptens dorthin. Darüber hinaus hegen sie große Skepsis gegenüber der Muslimbruderschaft. Denn seit gut 20 Jahren hatte es sich diese auf die Fahne geschrieben, die Korruption zu bekämpfen. Es war also nur eine Frage der Zeit, wann es an die Pfründe der Polizeioffiziere gehen würde. Außerdem hatte die Gruppe seit einem Jahrzehnt die Straße gegen die ausufernde Polizeigewalt mobilisiert und den

Hass der Ägypter auf den Polizeiapparat so sehr geschürt, dass viele seiner Bediensteten nach dem Sturz Mubaraks von erzürnten Bürgern tätlich angegriffen wurden. Zahlreiche Polizisten flohen aus Angst vor der Rache der Bevölkerung. Lange weigerten sich die Polizeidienste, mit dem neuen Muslimbruder-Präsidenten zusammenzuarbeiten. Am härtesten traf Mursi hierbei, dass die Mehrheit der Polizisten von den Straßen abgezogen war und blieb. Die Kriminalität stieg somit drastisch an. Sicherheit und Stabilität waren schon lange eine zentrale Forderung des ägyptischen Volkes an den Staat. Mursi, der beides nicht mehr garantieren konnte, verlor auch dadurch schnell an Ansehen in der Bevölkerung.

Auch das Militär war an einer Rückkehr Ägyptens zum Status quo ante interessiert – einerseits aus pragmatischen Gründen (um die eigenen Privilegien zu retten), andererseits hatte das Militär aber auch ein ideologisches Problem mit den neuen Machthabern im Land. Als der Militärputsch von 1952 die Monarchie abschaffte und die ägyptische Republik unter der Ägide des Militärs entstand, hatte das Land nicht nur erstmals tatsächliche Unabhängigkeit von der Kolonialmacht Großbritannien erlangt, Präsident Nasser hatte auch seinen größten internen Konkurrenten, die Muslimbruderschaft, beseitigt, bevor er mit dem Aufbau des neuen Staates begann. Beides ging in den Gründungsmythos der ägyptischen Republik ein: Das Land hätte nun sowohl seinen externen als auch seinen internen Feind besiegt; darauf aufbauend würden Nasser und das Militär als die Schutzmacht der Republik das Land nun in eine glorreiche Zukunft führen. Die Führungsriege im Militär sieht sich noch heute als Erben dieser Logik an und steht nach wie vor in Fundamentalopposition zur Muslimbruderschaft. Daran konnten auch Mursis Avancen gegenüber dem Militär nichts ändern. Eine 60-jährige Geschichte ließ sich nicht über Nacht umschreiben. Zwar war das Militär unmittelbar nach dem Sturz Mubaraks darauf angewiesen, dass die Muslimbruderschaft die Roadmap für den politischen Übergang unterstützte – denn ohne die Unterstützung der größten organisierten politischen Kraft des Landes wäre das Land ins Chaos abgerutscht, so fürchtete man. Schon bald aber versuchte das Militär, den Handlungsspielraum der Muslimbruderschaft einzugrenzen. Das verschärfte sich umso mehr, als die Gruppe unter Mursis Präsidentschaft versuchte, auf die Pfründe des Militärs zuzugreifen und ihm beispielsweise Landbesitz streitig zu machen, der sich für äußerst lukrative Infrastruktur- und vor allem Tourismusprojekte eignete und somit potenziell zum Kern eines konkurrierenden Wirtschaftsimperiums der Muslimbrüder hätte werden können.

Um den politischen Handlungsspielraum der Muslimbrüder einzuhegen, hatte sich das Militär zunehmend mit der Justiz verbündet. Bereits am 14. Juni 2012, als sich Mursis Wahlsieg bei den Präsidentschaftswahlen abzuzeichnen begann, hatte das Verfassungsgericht das Wahlrecht der Parlamentswahl als nicht verfassungskonform erklärt. Infolgedessen wurde das Parlament aufgelöst. Somit stand der neue Präsident in seiner gesamten Amtszeit ohne Legislative da (lediglich das Oberhaus tagte noch). Mit der Auflösung des Parlaments drohte auch die Auflösung der Verfassungsgebenden Versammlung durch ein Gericht, denn die

Versammlung war ja auf Basis des aufgelösten Parlaments zusammengesetzt. Während Mursi aus der Sicht der Muslimbruderschaft nun vor allem seine Kompetenzen vor solchen Eingriffen der Kräfte des »alten Systems« zu schützen suchte – wie etwa, indem er die berüchtigten Dekrete vom 22. November 2012 erließ –, sah die nicht-islamistische Opposition dabei vor allem, dass Mursi, ebenso wie sein Vorgänger Mubarak, nun zu autoritären Mitteln griff, wenn es darum ging, seine politischen Gegner einzuhegen.

Während Mursis Gewalt die politische Opposition und die politisierten Teile der ägyptischen Bevölkerung gegen die Muslimbruderschaft aufbrachte, zog die sich verschlechternde wirtschaftliche Lage des Landes auch noch den Unmut der unpolitischen Segmente der Bevölkerung auf die Gruppe und ihren Präsidenten.

Wirtschaftliche Probleme

Seit dem Sturz Mubaraks hatten sich die wirtschaftlichen Probleme des Landes weiter verschärft. Die Muslimbruderschaft hatte einen großen Teil ihrer Legitimation im Volk daher bezogen, dass sie sich seit Jahrzehnten in ihren sozialen Einrichtungen dafür einsetzte, die Lebensverhältnisse der Armen zu verbessern. Als die Gruppe jedoch jetzt wirtschaftspolitisch versagte und sich die ökonomische Lage stattdessen weiter verschlechterte, war die Enttäuschung in der Bevölkerung groß.

Ausländische Direktinvestitionen waren seit dem Umsturz von 2011 drastisch eingebrochen. Dazu kam, dass fortan nicht wenige ägyptische Großunternehmer – auch als Boykott gegenüber der neuen islamistischen Führung im Land – ihr Kapital aus Ägypten abzogen und ihre Investitionen im Land deutlich einschränkten. Gleichzeitig war seit dem Sturz Mubaraks 2011 die Tourismusbranche massiv eingeknickt. Ein Präsident, der sich schon oft kritisch gegenüber dem freizügigen Verhalten der Touristen geäußert hatte, trug freilich nicht zur Erholung der Branche bei. Dies hatte fatale Auswirkungen, denn gemeinsam mit dem Suezkanal ist der Tourismus die wichtigste Einnahmequelle des Landes. Dazu kam, dass die Verhandlungen über einen dringend benötigten Kredit des Internationalen Währungsfonds nicht zum Abschluss kamen und die versprochene finanzielle Hilfe aus dem Golf weitestgehend auf sich warten ließ. Die Preise von grundlegenden Gütern stiegen massiv an, die Weizenvorräte gingen nach einer kläglich gescheiterten Initiative Mursis, den Weizenanbau im Land um 30 Prozent anzuheben, dem Ende zu. Als weltgrößter Netto-Importeur von Weizen musste Ägypten nun erneut in großen Mengen Weizen importieren, und diesmal kurzfristig und daher extrem teuer. Das ließ die ohnehin drastisch sinkenden Devisenreserven weiter gefährlich schwinden. Dazu kamen regelmäßige Stromausfälle und Benzinknappheit, die den Ägyptern das alltägliche Leben immer schwerer machten. Am meisten litten darunter zwar die Armen, aber die Angst vor einem nahenden wirtschaftlichen Kollaps umfasste schließlich alle Schichten und bildete letztendlich den Tropfen, der das Fass zum Überlaufen brachte.

Am 30. Juni brachen Massenproteste gegen Mursi aus, die von einer breiten Koalition verschiedener Kräfte getragen wurden: von den nicht-islamistischen Teilen der Tahrir-Jugend, die sich nun vor allem in der Tamarod-Bewegung zusammenschloss, von prominenten linken und liberalen Politikern, von den wirtschaftlich frustrierten Massen sowie von den Teilen des alten Systems, die von Anfang an einer Führung des Landes durch die Muslimbruderschaft widerwillig gegenübergestanden hatten. Am 3. Juli wurde Muhammad Mursi vom Militär abgesetzt.

In seiner einjährigen Regierungszeit hatte es Mursi also nicht geschafft, zum Präsidenten aller Ägypter zu werden – wie er es in seiner Antrittsrede versprochen hatte – und als Kraft im Sinne der Revolution zu gelten. Viele seiner Handlungen werfen auch die Frage auf, ob er dies tatsächlich aufrichtig versucht hat. Er hat weder nennenswerte Schritte unternommen, die liberale und linke Opposition in die Regierung, noch die Jugend in formale politische Prozesse einzubeziehen. Er ist stets parteiisch und als »Präsident der Muslimbrüder« aufgetreten. Eine Verfassung drückte er weitestgehend ohne die Beteiligung und gegen den Willen nicht-islamistischer Kräfte durch. Die Übermacht der Muslimbrüder an der Wahlurne verstand Mursi als politischen Freifahrtschein. Hier ging die Wahrnehmung der Muslimbrüder und die nicht-islamistischer Ägypter diametral auseinander: Während die Muslimbrüder die Wahlsiege als Beweis dafür nahmen, die »wahre Stimme des Volkes« und nach jahrzehntelanger Unterdrückung nun endlich an ihrem rechtmäßigen Platz – an der Spitze der Macht – zu sein, sahen viele Ägypter jedoch die Tatsache, dass die Muslimbruderschaft die bestorganisierte politische Kraft im Land war, als Auswuchs der autoritären Politik des Mubarak-Regimes an. Durch dessen Politik waren alle anderen oppositionellen Kräfte jahrzehntelang strukturell geschwächt worden. Die Muslimbrüder hätten deshalb nach der Auffassung vieler Bürger – trotz ihrer Wahlsiege – vermehrt mit anderen Kräften kooperieren müssen.

Zum Unglück der Muslimbruderschaft kam hinzu, dass Mursi ein äußerst ungeschickter Redner war, dessen Auftreten zudem zu wünschen übrig ließ. So fasste er sich bei einem offiziellen Treffen mit der australischen Premierministerin vor laufender Kamera ungeniert in den Schritt. Seine peinlichen Patzer waren ein gefundenes Fressen für ägyptische Satireshows, wie die des berühmten Satirikers Bassem Yussef. Paradoxerweise kam zum Aspekt der »Lächerlichkeit« zugleich auch ein bedrohliches Element bei den Muslimbrüdern, das viele Bürger zunehmend abstieß. Die Gruppe zeichnete sich durch einige Unklarheiten in Bezug auf den gewaltbereiten Islamismus aus, der das Land vor allem in den 1990er Jahren erschüttert hatte und seit Mubaraks Sturz einen erneuten Aufschwung zu erleben schien. Die Furcht der Menschen saß tief, dass die Muslimbrüder trotz ihrer Beteuerungen, Gewalt abzulehnen, enge Verbindungen zu den gewaltbereiten islamistischen Gruppen hegten und Ägypten damit irgendwann erneut in eine Welle des Terrorismus führen könnten. Mursi selbst war es schließlich, der diese Ängste während seiner Amtszeit weiter schürte.

6. Die Frage nach dem wahren Gesicht

So populär und politisch erfolgreich die Muslimbruderschaft seit ihrem Eintritt in die formale Politik in den frühen 1980er Jahren auch wurde, das Volk blieb skeptisch angesichts der Frage nach dem wahren Gesicht der Gruppe. Zwar hatte sie spätestens seit 1981 offiziell der Gewalt abgeschworen, dennoch war schließlich aus ihren Reihen Sayyid Qutb hervorgegangen, der Vordenker der radikalen islamistischen Gruppen in Ägypten. Viele Jahre lang versuchte Mubarak, diese Skepsis gegenüber den Muslimbrüdern mit Hilfe der staatlichen Medien zu schüren, um der Gruppe die wachsende Unterstützung im Volk zu entziehen.

Mubarak, die Medien und die Muslimbrüder als Verräter

Zu Beginn der Amtszeit Mubaraks – Anfang und Mitte der 1980er Jahre – hatten die staatlichen Medien die Muslimbrüder noch positiv dargestellt. Im Gegensatz zu den gewaltbereiten Gruppen, wie al-Gama'a al-Islamiyya und al-Dschihad, wurden die Muslimbrüder als moderat bezeichnet, als Gruppe, die mit einer tugendhaften Gesellschaft ein hehres Ziel verfolge. Als sie aber Ende der 1980er Jahre zu einer politisch immer erfolgreicheren und ernst zu nehmenden Oppositionskraft avancierte, änderten die staatlichen Medien ihren Diskurs nachhaltig. Die Gruppe sollte ab sofort als Verbündete der gewaltbereiten Islamisten charakterisiert werden. Dies konnte dem Image der Muslimbrüder sehr schaden, da Ägypten zu diesem Zeitpunkt am Beginn einer zehn Jahre andauernden Welle islamistischen Terrors stand. Entweder stellten die staatlichen Medien die Muslimbrüder jetzt als eine Art Transmissionsriemen dar: Ähnlich einer Einstiegsdroge seien sie der softe Einstieg in den Islamismus für Jugendliche, die bald darauf zu den gewaltbereiten Gruppen wechseln würden. Oder aber die Medien deklarierten, es sei Plan der Muslimbrüder, sich mit den gewaltbereiten Gruppen zu verbünden und eine gemeinsame Front zu bilden. Die Muslimbrüder seien nicht Teil der ägyptischen Nation, sondern Verräter. Sie würden Terrorismus im Land säen, um dann entweder selbst die Macht zu übernehmen – und ein islamistisches Terrorregime, möglicherweise wie die Taliban in Afghanistan, zu errichten –, oder aber, um feindlichen externen Kräften zu ermöglichen, die Macht in Ägypten zu übernehmen. Darüber, wer diese externen Verbündeten seien, kursierten mannigfaltige Narrative. So hieß es vor allem im Jahr 2005 immer wieder, die Muslimbrüder seien mit den USA verbündet. Die Machterlangung der Muslimbrüder in Ägypten sei ganz im Sinne der USA, denn sie würde das Land zurück in den Terror der 1990er Jahre befördern und schwächen und schließlich für die eigenen Interessen in der erdölreichen und strategisch bedeutsam gelegenen Region des Nahen und Mittleren Ostens gefügig machen. Dies sei der wahre Grund hinter dem Demokratisierungsdruck der USA, der vor den Parlamentswahlen 2005 massiv erhöht worden war. Mit solchen Verschwörungstheorien sprach das Regime das Volk durchaus an, denn seit der Kolonialzeit herrschte die Furcht, Ägypten werde von westlichen wirtschaftlichen und politischen Interessen ausgebeutet. Weitere feindliche Partner der Muslimbrüder seien auch der Iran und dessen Verbündete, die Hisbollah sowie die palästinensische Hamas. Es hieß, alle drei Kräfte wollten Ägypten gemeinsam durch Terrorakte schwächen, damit der Iran das Land übernehmen könne.

Die Taktik des Mubarak-Regimes, die Popularität der Muslimbrüder mit Hilfe der staatlichen Medien zu untergraben, ging zunächst kaum auf. Zwar gab es einige Segmente der ägyptischen Bevölkerung, die die Muslimbrüder tatsächlich als Verräter Ägyptens und als Terrorgruppe verstanden – allen voran die »verwestlichte« Oberschicht sowie Teile der christlichen Minderheit –, aber ein wachsender Teil der ägyptischen Gesellschaft akzeptierte die Gruppe zunehmend als pragmatisch-politische Kraft, die spätestens mit ihrem Eintritt in die Politik der Gewalt abgeschworen hatte und der eine Beteiligung am formalen politischen Prozess durchaus zustand. Dennoch, Skepsis und Misstrauen lauerten wohl in vielen Hinterköpfen, denn nach dem Sturz Mursis im Juli 2013 brachen sie sich Bahn. Seither gilt die Gruppe nicht nur der vom Militär gestützten Übergangsregierung, sondern auch einem deutlich größeren Teil der Bevölkerung als noch zuvor als Verräter der Nation und als Terrorgruppe. Befeuert wurde dieser Meinungswechsel in erster Linie durch die Ambivalenzen in der Haltung der Muslimbruderschaft zur Gewalt, die vor allem unter Mursis Herrschaft immer deutlicher zutage getreten sind.

Die Muslimbrüder, Mursi und die Radikalen

Obwohl die Muslimbruderschaft Gewalt als Mittel der Innenpolitik spätestens seit 1981 ablehnt, sieht sie, im Falle einer fremden militärischen Aggression oder Besatzung, Gewalt gegen die Aggressoren als erlaubt an. In diesem Sinne ist Gewalt als eine Form des Dschihad nicht nur legitim, sondern auch eine heroische Tat. Das trifft auf die Taten der Hamas zu, aber beispielsweise auch auf die der islamistischen Gruppen, die in den 1980er Jahren in Afghanistan gegen die Sowjets kämpften. Die Gewaltfrage verschleiert in der Tat das Verhältnis der Muslimbrüder zu den ägyptischen Terrorgruppen al-Dschihad und al-Gama'a al-Islamiyya. Denn während die Muslimbruderschaft deren Attentate innerhalb Ägyptens in den späten 1980ern und 1990ern explizit ablehnte – und dafür sogar von ihnen als Verräter an der islamischen Sache bezichtigt wurde –, so hatte sie es jedoch begrüßt, dass diese Gruppen Kämpfer nach Afghanistan für den Kampf gegen die Sowjets geschickt hatten. Auch hatten die Muslimbrüder immer wieder mit unterschiedlichen gewaltbereiten Gruppen, die gegen eine Fremdbesatzung kämpften, zu tun gehabt, da sie ihnen mit humanitärer Unterstützung, zum Beispiel mit medizinischer Versorgung oder der Lieferung von Nahrung und Kleidung, zur Hand gingen.

Während seiner einjährigen Herrschaft hat Mursi die Furcht im Volk vor den engen Kontakten zwischen den Muslimbrüdern und den radikalen Gruppen in Ägypten kontinuierlich geschürt. Er hat zahlreiche ihrer Mitglieder aus den Gefängnissen entlassen und die prominentesten Terroristen sogar hofiert. So trat er noch kurz vor seinem Sturz im Kairoer Stadion Seite an Seite mit Abbud al-Zumar auf, der an dem Attentat auf Sadat beteiligt gewesen war, und ließ dort diverse fundamentalistische Scheichs zur Beteiligung von Ägyptern am Dschihad in Syrien aufrufen. Darüber hinaus wird Mursi von seinen Kritikern vorgeworfen, dass er weder gegen die vermehrten islamistischen Übergriffe und Attentate auf Christen vorgegangen sei noch ausreichend hart gegen die gewaltbereiten islamistischen Gruppen auf der Sinai-Halbinsel. Vor allem nach Mubaraks Sturz haben sich hier gewaltbereite Gruppen auszubreiten begonnen, wie etwa die Gruppe Ansar Bait al-Maqdis, die heute bereits mehrere Anschläge, unter anderem in den Städten Mansoura und Kairo, begangen hat. Einige Beobachter waren sogar der Meinung, die Muslimbrüder hätten sich diese Gruppen quasi als Miliz halten wollen, für den Fall, dass es zu einer Konfrontation zwischen ihnen und dem Militär beziehungsweise den Sicherheitskräften kommen würde. Kommentare wie die des führenden Muslimbruders Muhammad al-Baltagui kurz nach Mursis Absetzung, demzufolge die Gewalt der Islamisten auf dem Sinai enden würde, sobald Mursi wieder ins Präsidentenamt eingesetzt sei, haben solche Befürchtungen nur weiter befeuert.

Griff zur Gewalt nach Mursis Sturz?

Generell hat die Muslimbruderschaft mit dem Ausbruch der Massenproteste gegen Mursi und nach dessen Absetzung ihren Ton merklich verändert. Zwar lehnt sie noch immer offiziell Gewalt in der Innenpolitik ab und hat auch die Anschläge der Terrorgruppe Ansar Bait al-Maqdis konsequent verurteilt, die flammende Rhetorik aber hatte insbesondere unmittelbar nach der Entmachtung Mursis zugenommen. Aussprüche von führenden Mitgliedern, bis zum Tode zu kämpfen oder die Legitimität Mursis als Präsident bis zum Tode zu verteidigen, galten vielen Ägyptern als direkte Aufrufe zum bewaffneten Kampf. Und tatsächlich kam es schon wenige Wochen nach Mursis Sturz bei der Räumung der Pro-Mursi-Protestcamps in Kairo im August 2013 – bei der Hunderte von Mursi-Anhängern von den Sicherheitskräften getötet wurden – auch seitens der Pro-Mursi-Demonstranten zu Gewalt. Vielen gilt dieser Vorfall als der Beweis: Die Muslimbruderschaft sei nun zu einer konzertierten Strategie der Gewalt übergegangen.

Hinzu kommt, dass es in der Geschichte der Gruppe tatsächlich eine Episode der Gewalt gab: So unterhielt die Gruppe in den 1940er Jahren einen bewaffneten Geheimapparat. Dieser ging bald nicht nur gegen die britische Kolonialmacht in der Suezkanal-Zone vor, sondern auch gegen mit den Briten verbündete Ägypter, wie den Premierminister al-Nuqraishi, der 1948 vom Geheimapparat ermordet wurde. Die Gruppe hat also schon einmal ihr Credo »Gewalt nur gegen Besatzer« gebrochen. Auch die momentane Situation birgt die Gefahr, dass die Gruppe erneut zu Waffen in Ägypten greifen kann. Denn sie sieht sich in einer Ausnahmesituation. Sie empfindet sich einem »unrechtmäßigen Militärcoup« ausgesetzt – die Tatsache, dass vor dem Sturz Mursis durch das Militär Massen für dessen Absetzung protestierten, wird von manchen geflissentlich übergangen. Zudem ist die Muslimbruderschaft seither einer massiven staatlichen Repressionswelle ausgesetzt. Das Militär nutzt die Stimmung im Volk, um hart gegen die Muslimbruderschaft – und damit gegen seinen einzigen ernst zu nehmenden politischen Kontrahenten – vorzugehen. Die Gruppe wurde im Dezember 2013 zur Terrorgruppe ernannt. Die Führung der Gruppe sitzt fast geschlossen hinter Gittern, und erst im März und April 2014 wurden in zwei Massenprozessen über 1000 Anhänger und Sympathisanten der Muslimbrüder zum Tode verurteilt. Außerdem berichtet die Muslimbruderschaft, dass Tausende ihrer Anhänger inhaftiert seien. Eine ähnliche Unterdrückungswelle hatte die Gruppe zuletzt vor einem halben Jahrhundert unter Präsident Nasser erlebt. Damals war es zu einer Radikalisierung gekommen, die den Islamismus weltweit prägen sollte, als sich Teile der Muslimbruderschaft radikalisierten, allen voran Sayyid Qutb, auch wenn sich die

Führung der Muslimbruderschaft daraufhin von seinem Gedankengut distanzierte. Die Gefahr, dass Teile der Gruppe sich erneut radikalisieren werden und sich gewaltbereiten Gruppen anschließen, ist deshalb durchaus gegeben. Die Tatsache, dass die Muslimbruderschaft durch die umfangreichen Verhaftungswellen momentan quasi führerlos und damit gewissermaßen orientierungslos ist, wirkt der Gefahr einer »radikalen Zersplitterung« nicht unbedingt entgegen, wenn auch dieses Mal die oberste Führungsriege wohl kaum von ihrem traditionellen Kurs der Gewaltfreiheit abrücken würde.

Die Muslimbrüder als achtarmiger Krake?

Ebenfalls Grund zur Skepsis im Volk gibt die Internationale Organisation der Muslimbrüder. Bis heute ist sie, was ihren Aufbau und vor allem ihre Finanzströme betrifft, eines der bestgehüteten Geheimnisse der Gruppe. Bereits Hassan al-Banna hatte mit der Expansion der Muslimbruderschaft ins Ausland begonnen. Seine Vision einer gesellschaftlichen Reform erstreckte sich nicht nur auf Ägypten, sondern sollte letztendlich die gesamte muslimische Welt umfassen. Seit den 1930ern und 1940ern wurden Ableger der Gruppierung auch in anderen Ländern gegründet, oft von Studenten, die nach ihrem Studium in Kairo in ihre Heimatländer zurückkehrten. Heute gibt es solche Ableger in über 70 Staaten, nicht allein in muslimischen Ländern, sondern auch in den

USA sowie in einigen europäischen Staaten. Seit 1982 sind die unterschiedlichen Muslimbrudergruppen unter dem Dach der »Internationalen Organisation der Muslimbruderschaft« versammelt, der die ägyptische Muslimbruderschaft beziehungsweise ihr Oberster Führer formal vorsteht. Die Internationale Organisation wird vor allem in Ägypten oft kritisch gesehen, da man der Meinung ist, die ägyptische Muslimbruderschaft sei den anderen Ablegern gegenüber loyaler als gegenüber dem eigenen Volk und verfolge gemeinsam mit ihnen eine eigene Agenda. Die Bedeutung der Internationalen Organisation sollte jedoch nicht überschätzt werden. Es gibt zwar eine Satzung und einige politische Grundsatzschriften, die für alle Ableger bindend sind – dazu gehören in erster Linie die Schriften al-Bannas sowie Schriften der ägyptischen Muslimbruderschaft von 1994, die sich unter anderem zur Machtrotation durch regelmäßige freie und faire Wahlen sowie für das Wahlrecht von Frauen aussprechen. Allerdings scheinen die unterschiedlichen Gruppen im Tagesgeschäft weitestgehend autonom zu agieren. In ihren tagespolitischen Positionen liegen sie oft weit auseinander. So war beispielsweise die ägyptische Muslimbruderschaft unter Mubarak eher proiranisch orientiert, die syrische jedoch strikt antiiranisch, da der Iran mit dem Assad-Regime, das die Gruppe massiv unterdrückte, verbündet ist. Eins der drastischsten Beispiele für die unterschiedlichen Ausrichtungen der Ableger lieferte jedoch der Golfkrieg 1990/1991. Als nach der irakischen Annexion des benachbarten Kuweits ausländische Truppen unter US-Führung militärisch eingriffen, um Kuweit von der Besatzung zu befreien, lehnte die ägyptische Muslimbruderschaft den US-angeführten Einsatz strikt ab, während ihn die kuweitische Muslimbruderschaft befürwortete. Dies führte zu einem großen Zerwürfnis innerhalb der Internationalen Organisation der Muslimbruderschaft.

Die institutionelle Vernetzung sowie die Koordinierungsfähigkeit der einzelnen Ableger sollten also nicht überschätzt werden. Von einem achtarmigen Kraken zu sprechen, scheint in dieser Hinsicht übertrieben. Allerdings ist die ideologische Wirkmächtigkeit der Organisation nicht zu unterschätzen. Denn die Ideen der Muslimbrüder und ihres Gründervaters sind bis heute sehr einflussreich. Al-Bannas Verheißungen von einer sozialen Gerechtigkeit, die der Islam bringe, und seine Verknüpfung einer islamischen Reform mit einer Reform der Lebensbedingungen der Menschen stoßen bis heute in den Gesellschaften der arabischen Welt auf Resonanz. Denn noch immer sind diese von starken Klassenunterschieden und einer massiven Kluft zwischen Arm und Reich geprägt. Diskreditiert haben sich sicher die führenden Akteure – die aktuelle ägyptische Muslimbrüder-Führung –, nicht aber die Ideologie der Gruppe und ihres Gründervaters als solche. Aber gerade das ist auch der Grund, warum die Debatte um die internationale Muslimbruderschaft zumindest in der arabischen Welt politisiert ist. Für viele autoritäre Regime in der Region – nicht nur für das ägyptische – stellt das Gedankengut der Gruppe eine Bedrohung des Status quo dar. Nicht nur, weil sie soziale Unterschiede ausgleichen will, sondern auch, weil sie, beispielsweise im Gegensatz zu den einflussreichen Monarchien am Golf, eine republikanische

Herrschaftsordnung mit regelmäßigen Wahlen verspricht. Damit hat sich der Konflikt um die Muslimbrüder in Ägypten längst insofern regionalisiert, als sich auch das Schwergewicht am Golf, die saudische Führung, sowie die Vereinigten Arabischen Emirate strikt hinter das ägyptische Militär stellen – auch in Form umfangreicher Hilfszahlungen. Darüber hinaus geht man in Saudi-Arabien und in den Emiraten auch gegen die Muslimbrüder im eigenen Land vor. Erst im März 2014 hat es das saudische Herrscherhaus der ägyptischen Führung gleichgetan und die Muslimbruderschaft in Saudi-Arabien zur Terrororganisation erklären lassen.

Aufstieg, Fall und wie weiter?

Mit der Gründung der Muslimbruderschaft im Jahr 1928 verband Hassan al-Banna erstmals das Ziel einer Wiederbelebung und Reform des Islam mit dem Ziel, die Lebensverhältnisse der Menschen im Hier und Jetzt zu verbessern. Diese geschickte Verknüpfung bot den entscheidenden Ausgangspunkt einer mächtigen Verbindung: Hassan al-Banna machte die Muslimbruderschaft zu einer der bedeutendsten islamistischen Bewegungen, die heute weltweit vertreten ist. Vielerorts sind Ableger der Gruppe oder verwandte Organisationen zu wichtigen politischen Akteuren avanciert, die al-Nahda in Tunesien nach dem Sturz Ben Alis beispielsweise oder die PJD (Parti de la justice et du développement), die seit 2012 in Marokko an der Regierung beteiligt ist. Im Laufe ihrer 80-jährigen Geschichte ist auch die Muslimbruderschaft zweimal zu einer politisch starken Kraft aufgestiegen, und beide Male löste dies massive Repressionswellen seitens des staatlichen Sicherheitsapparats aus – erstmals in den 1950er und 1960er Jahren unter Nasser und schließlich nach dem Sturz Mubaraks, als die Gruppe nach mehreren für sie entschiedenen Wahlen für eine kurze Zeit die Führung des Landes innehatte.

Ein Grund für die Wahlerfolge der Muslimbrüder in Ägypten lag in ihrem Vermögen, immer wieder ganz unterschiedliche Teile der Bevölkerung anzusprechen und auf Veränderungen in der Gesellschaft zu reagieren. Die Gruppe war nie nur auf den »Islam«, sondern immer auch auf die Gesellschaft und deren Bedürfnisse ausgerichtet. So gelang es ihr viele Male, den Zeitgeist zu erkennen und aufzugreifen. Vor allem unter Mubarak konnte sie zur mit Abstand größten Opposition des Landes avancieren, als sie bereits in den frühen 2000ern an die entstehenden Protestbewegungen anknüpfte und unter dem Slogan »Partizipieren, nicht dominieren« mit ganz unterschiedlichen Kräften, den Linken wie den Liberalen, kooperierte. Damit baute sie ihre Unterstützerbasis deutlich über ihre Kernanhängerschaft hinaus aus. Als aber die Gruppe nach dem Sturz Mubaraks 2011 an die Spitze des Staates gewählt wurde, brachte sie große Teile des Volkes und der politischen Kräfte binnen nur eines Jahres gegen sich auf. Denn ihre Kooperation mit den anderen politischen Kräften gab sie – just an der Macht – schnell wieder auf, nur um davon überrascht zu werden, dass sie auf deutlich weniger Unterstützer zählen konnte als gedacht. Im Rückblick wurde die Gruppe zwar vom ägyptischen Volk dazu legitimiert, die größte Opposition unter Mubarak und, nach seinem Sturz, die größte Kraft im ersten frei gewählten Parlament zu sein sowie den ersten frei gewählten Präsidenten zu stellen. In den Augen der breiten Masse war die Gruppe dagegen ganz und gar nicht dazu ermächtigt, im Alleingang über die Natur des »neuen Ägypten« zu entscheiden und ihre eigene Vision einer neuen ägyptischen Republik in der neuen Verfassung festzuschreiben, ohne dabei andere politische Sichtweisen zu integrieren. Die Muslimbrüder hätten erkennen müssen, dass sie nicht die einzige politische Kraft im Land mit Unterstützung aus dem Volk sind, sie hätten andere Akteure mit einbeziehen müssen. Aber sie hatten den Bogen überspannt. Ihre traditionellen Gegenspieler, Militär und Sicherheitskräfte, haben daraufhin ihre Chance genutzt und, als das Volk gegen Mursi auf die Straße ging und dessen Absetzung forderte, ihre Macht erneut konsolidiert.

Nun wiederholt sich die Geschichte: Militär und Sicherheitsapparat gehen so massiv gegen die Muslimbrüder vor wie zuletzt unter Nasser, als die Gruppe kurz vor der Zerschlagung stand. Der Diskurs in den staatlichen Medien, der die Muslimbrüder als Verräter stigmatisiert, ist wieder in vollem Gange. Heute stößt er jedoch weit mehr als noch vor wenigen Jahren auf Resonanz im Volk. Gleichzeitig sind auch die Muslimbrüder wieder bei alten Feindbildern angelangt. Sie fühlen sich wie unter Nasser einem verbrecherischen Regime ausgeliefert und fallen zurück in die Opferrolle der ewig Unterdrückten. Dabei ist die Gefahr, dass die Repression auch dieses Mal Teile der Gruppe radikalisiert, gegeben. Im breiteren islamistischen Spektrum – jenseits der Muslimbrüder – hat eine zunehmende Radikalisierung bereits stattgefunden. Während islamistischer Terror in Ägypten in den späten 1990er Jahren überwunden schien, flammt er heute – seitens neuer gewalttätiger Gruppen, wie der Ansar Bait al-Maqdis aus dem Sinai – wieder auf. Schon jetzt bezeugen dies vermehrte Anschläge auf den Sicherheitsapparat, schon wieder sterben dabei auch Zivilisten.

Auch die oft islamistisch motivierte konfessionelle Gewalt gegen die christliche Minderheit im Land hat wieder zugenommen. Im Volk wächst die Angst vor einer Rückkehr in den Terror der 1990er Jahre. Darüber hinaus ist die politische Landschaft gespalten: Ein Pro-Mursi-Lager, das die neue Post-Mursi-Roadmap des Militärs ablehnt, und ein Lager, das Militär und Sicherheitskräfte unterstützt, polemisieren gegeneinander. Dabei nimmt der Diskurs zunehmend eine enthumanisierende Tendenz an. Ein drittes Lager bilden die prodemokratischen Kräfte, die weder hinter der Muslimbruderschaft noch hinter dem Militär stehen und drohen, zwischen diesen Fronten zerrieben zu werden.

Um den Teufelskreis zu durchbrechen, bedarf es einer Versöhnungskultur im Land, die die verschiedenen Kräfte wieder an einen Verhandlungstisch zu bringen vermag. Mit jedem verstreichenden Tag aber erscheint dies noch schwerer zu erreichen. Eine so große Kraft wie die Muslimbrüder vom politischen Prozess auszuschließen, bedeutet letztendlich, erneut eine politische Ordnung zu etablieren, die auf dem Ausschluss einer politischen Richtung basiert. Genau so, wie die Muslimbrüder die neue Verfassung Ägyptens nur in ihrem Sinn und Interesse entwarfen, so hat auch die vom Militär eingesetzte Übergangsregierung nur mehr im eigenen Interesse die Islamisten vom Prozess der Verfassungsgebung fast vollständig ausgeschlossen; lediglich zwei islamistische Vertreter waren in dem fünfzigköpfigen Verfassungskomitee vertreten. Damit blieb der einstige Traum von 2011, es mögen sich die verschiedenen politischen, religiösen und sozialen Gruppen des Landes gemeinsam über das Gesicht eines

»neuen Ägypten« einigen, bis heute unerfüllt. Das Militär und die von ihm eingesetzte Übergangsregierung versuchen, nicht nur gegen ihre islamistischen Gegner vorzugehen und diese vom politischen Prozess möglichst auszuschließen, sondern sie wenden sich zunehmend auch gegen säkulare Aktivisten, beispielsweise mit Hilfe eines neu erlassenen höchst restriktiven Demonstrationsgesetzes. Mit diesem wurden unter anderem Mitbegründer der Gruppe »6. April« – und damit zentrale Initiatoren der Proteste, die Mubarak 2011 zu Fall brachten – bereits hinter Gitter gebracht. Dennoch stehen viele Ägypter heute loyal hinter dem Militär und seiner Roadmap für den politischen Übergang. Sie sehen im Militär vor allem einen Garanten für Sicherheit und Stabilität im Land – und manche erhoffen sich von ihm sogar einen aufrichtigen Demokratisierungswillen.

Uns in Deutschland und Europa lassen die Entwicklungen in der Nachbarregion nicht unberührt. Während der Westen lange Zeit dem autoritären Mubarak-Regime zur Seite gestanden und dabei seine Glaubwürdigkeit als Vertreter von Rechtsstaatlichkeit und Demokratie aufs Spiel gesetzt hat, wollte man nach dem Arabischen Frühling demonstrieren, dass man einen politischen Demokratisierungsprozess in Ägypten unterstützt. So hat Deutschland nicht nur zusätzliche Gelder bereitgestellt, sondern auch die Muslimbrüder als die neuen gewählten Machthaber des Landes akzeptiert, und ist mit der neuen Regierung im Land in Dialog getreten. Heute stehen wir damit erneut für viele Ägypter »auf der falschen Seite«. Die Stimmung im ägyptischen Volk hat sich schnell und drastisch gegen die Muslimbrüder gewendet.

Viele werfen dem Westen und vor allem auch den USA und Deutschland einen geheimen Deal mit den Muslimbrüdern vor: Sie hätten die Gruppe an die Regierung bringen wollen, um Ägypten zu schwächen und somit leichter westlichen Interessen unterwerfen zu können. Mursi wird von vielen ägyptischen Medien – auch den regimetreuen – deshalb unter anderem vorgeworfen, nicht nur für die Hamas und die Hisbollah, sondern auch für den CIA spioniert zu haben. Im Januar 2014 wurde ein ARD-Team in Kairo tätlich von einem Mob angegriffen, der das Team als Kollaborateure der Muslimbrüder beschimpfte. Im turbulenten Ägypten nach Mubarak und Mursi wird es somit auch für den Westen immer schwieriger sein, sich zu positionieren. Schließlich brachte die Revolution des 25. Januar nicht nur die Forderung nach Demokratie und sozialer Gerechtigkeit vor, sondern auch die nach einer selbstbewussten und vom Westen unabhängigen Außenpolitik. Jede neue Regierung im Post-Mubarak-Ägypten, die sich als Kraft der Revolution gerieren will, wird – zumindest in ihrer Rhetorik – vor allem der letzteren Forderung genügen wollen. Insbesondere heute scheinen das Militär und die Übergangsregierung vermehrt gegen den Westen zu polemisieren, um gleichzeitig die beiden anderen Forderungen der Revolution des 25. Januar – nach Demokratie und sozialer Gerechtigkeit – in den Hintergrund treten zu lassen. Ob sich eine solche Strategie jedoch langfristig behaupten kann, wird sich zeigen. Erst vor kurzem waren die Menschen in Ägypten bereit, im Kampf um mehr politische Teilhabe ihr Leben zu riskieren. Auch wir, Deutschland und Europa, sollten von dieser Hoffnung nach einem pluralistischeren System in Ägypten nicht zurücktreten und nicht erneut unsere Glaubwürdigkeit als Vertreter von Rechtsstaatlichkeit und Demokratie verspielen. Gleichzeitig aber ist es allein dem Land am Nil überlassen, auf welchem Wege und mit welchen Umwegen es dieses Ziel erreichen will.

Danksagung

Mein Dank gilt all meinen Interviewpartnern, die ich mit endlosen Fragen gelöchert habe und die dennoch nie müde wurden, mir ihre Sichtweise auf ihr Land zu schildern. Auch bedanke ich mich ganz besonders bei Henner Fürtig, Cilja Harders, der Konrad-Adenauer-Stiftung und dem GIGA, die mir die Forschung zur Muslimbruderschaft überhaupt erst ermöglicht haben, sowie bei Ivesa Lübben und Holger Albrecht für die zahlreichen Gespräche und ihre Unterstützung. Schließlich bedanke ich mich bei meinen Kollegen Ellinor Zeino-Mahmalat, Sandra Destradi, Natalie Hess, Christina Stolte, Viola Lucas, Annegret Mähler und Nikolai Röhl, die mich regelmäßig daran erinnern, dass Forschung Spaß macht. Und Dank an das Team des Deutschen Studienpreises der Körber-Stiftung, vor allem an Matthias Mayer und Friederike Schneider, die das Buchprojekt mit angeschoben haben, sowie an meine Lektorin Ulrike Fritzsching für die schöne Zusammenarbeit. Von ihrem »Rotstift« hat der Text sehr profitiert – das wird ihr auch der Leser danken!

Asiem El Difraoui
Politologe und Dokumentarfilmautor

Foto: David Ausserhofer

Asiem El Difraoui
Ein neues Ägypten?
Reise durch ein Land im Aufruhr

262 Seiten mit 18 s/w-Abb.
und einer Landkarte
Euro 16,– (D)
ISBN 978-3-89684-152-0

Die Menschen hinter den Nachrichten

Ägypten kommt nicht zur Ruhe: Dass sich der Muslimbruder Muhammad Mursi nur kurz an der Regierung halten konnte, ist ein deutliches Zeichen für die tiefe Zerrissenheit des Landes. »Ist das noch Ägypten?«, diese Frage hat Asiem El Difraoui auf seinen Reisen immer wieder gehört. Er hat mit Menschen im ganzen Land gesprochen, ist von den Metropolen am Nil zur armen Landbevölkerung gereist, von den Beduinen im Sinai zu den Nubiern am Rand der Sahara – sein Buch macht verständlich, warum die lange unterdrückten religiösen und ethnischen Spannungen nun aufbrechen.

www.edition-koerber-stiftung.de